JN080295

M&A Booklet

Cross Border

海外M&Aの実務

インド

株式会社マナスコーポレートパートナーズ
岡田 知也〔著〕

中央経済社

M&Aブックレットシリーズについて

　私は約30年間M&Aの世界に身を置いている。

　この間、国内外のさまざまな企業による多くの実例が積み上がり、今では連日のようにM&Aに関連する報道が飛び交っている。一方で、「M&Aってどんなこと？」と敷居の高さを感じる方も多いのではないだろうか。

　本シリーズはこの現状に一石を投じ、学生や新社会人からM&A業務の担当者、さらにアドバイスする側の専門家など、M&Aに関心のあるすべての方々にご活用いただくことを念頭に、「M&Aの民主化」を試みるものである。

　本シリーズの特徴は、第一に、読者が最も関心のある事項に取り組みやすいよう各巻を100ページ前後の分量に「小分け」にして、M&A全般を網羅している。第二に、理解度や経験値に応じて活用できるよう、概論・初級・中級・上級というレベル分けを施した。第三に、多岐にわたるM&Aのトピックを、プロセスの段階や深度、また対象国別など、テーマごとに1冊で完結させた。そして、この"レベル感"と"テーマ"をそれぞれ縦軸と横軸として、必要なテーマに簡単にたどり着けるよう工夫をこらしてある。

　本シリーズには、足掛け5年という構想と企画の時間を費やした。発刊に漕ぎ着けたのは、ひとえに事務局メンバーの岩崎敦さん、高橋正幸さん、平井涼真さんのご尽力あってこそである。加えて、構想段階から"同志"としてお付き合いいただいた中央経済社の杉原茂樹さんと和田豊さんには、厚く御礼申し上げる。

　本シリーズがM&Aに取り組むさまざまな方々のお手元に届き、その課題解決の一助になることを願ってやまない。

シリーズ監修者　福谷尚久

はじめに

「インドM&Aは難しい」

　この言葉に異論を挟むビジネスパーソンは少ないだろう。日本企業の成長戦略の手段としてすっかり定着したM&A（合併・買収）。この数十年間、多くの日本企業が新たな市場や、製造拠点、顧客、人材を求めて海外で多くのM&A取引（本書では、企業間の合併、企業の買収、企業による資本投資を総じて「M&A取引」という）を実行してきた。

　他方、M&A、特に海外企業を買収する類型のM&Aの成功確率（何を成功の定義とするかは別として）は高くないとされ、予定・計画していたとおりの成長が実現されなかったり、想定していたシナジー効果が得られなかったりという悩みは数多く聞く。中でも、「インドにおけるM&A」は特に壁が高い印象がある。

　高齢化の進展、そして人口減少局面にある日本・日本市場を主戦場とする日本企業にとって、巨大な人口を抱え（国連の推計では2023年に中国を抜いて人口第１位になったという）、若年層人口が多く、これから人口ボーナスを享受する局面に入る巨大なインド・インド市場は、その成長余力・可能性を考えると無視できない超重要市場である。

　世界でも特異な例だが、サービス業を中心に経済成長を遂げてきたインドは、現在、経済発展論に逆進する形で政策的に製造業の育成に注力しており、かつて製造立国として世界経済をリードしてきた日本との相性は非常に良いように思われる。実際、製造立国日本のシンボルである自動車産業、特にスズキ自動車のインドにおける子会社であるマルチ・スズキはインド自動車市場でトップシェアを誇り、トヨタ、ホンダ、日産はインド市場においても大きな存在感を放つ。加えて、民生機器の領域ではソニー、パナソニック、ダイキンといった日本ブランドに対する現地の認知度・人気は、欧米や韓国・中国のブランドに比べて高いという。

　政治的な関係という観点からみると、安倍元首相が「自由で開かれたインド太平洋戦略」として、インドのナレンドラ・モディ首相と親密な関係を構築してきた経緯から、両国間の関係は極めて良好である。安倍元首相は、先進国の中でも特にインドに関心を払っている（いた）首相としてインドでも人気が高く、上記

「日本ブランド」への高い信頼性もあって、インド国民の日本に対する好感度は非常に高いと聞く。

　インドにとって最大の貿易相手国でありながら国境を接するために政治的緊張関係にある中国、歴史的に親交が深いロシア（インドの軍隊の兵器の多くはロシア製）、政治的に友好関係にあるアメリカ（ただし、ロシア・イランといったインドに近い国との対立軸という側面もある）、英国連邦の一員でありながら植民地支配時代の苦い思いもあるイギリス、といった大国との間にいずれも微妙なバランス保持を必要とされるインドにとって、地政学的観点からも比較的神経質にならずに関係を構築できる相手である日本のポジションも影響していよう。

　後に触れるが、インドは慢性的な貿易赤字国であり、GDPに占める製造業の割合は相対的に低い。そのような状況にあって、「資本と技術」がほしいインド、「成長市場」を取り込みたい日本、加えて良好な地政学的な関係と、両国の関係はまさにベストパートナーのように見える。そうであれば、すでに日本企業にとって海外事業の拡大における選択肢としてすっかり市民権を得たM&A取引は活発になりそうだが、そこで冒頭の「インドM&Aは難しい」の壁が重く立ちはだかる、というのが現実のところではないか。

　筆者はこれまで20年ほど、M&Aのアドバイザーとしてキャリアを積んできた。2009年から３年半、前職のM&Aアドバイザリー専業のGCA（現フーリハン・ローキー）のインド事業立ち上げというミッションを担い、インドの商都ムンバイに駐在した。東京オフィスに帰任した後も引き続き日本企業によるインド企業への投資、インド企業の買収プロジェクトに関するアドバイザリー業務に一貫して携わってきた経緯があり、これまで当該業務を中心に足掛け15年ほどインドに関わり続けている（2020年３月にそのGCAを退職し、日本とインドのM&AにフォーカスしたM&Aアドバイザリー会社、株式会社マナスコーポレートパートナーズを立ち上げ、現在に至る）。

　数多くの日本企業とインド企業のM&Aに関する交渉をサポートする中で、「インドM&Aは難しい」を文字どおり実感してきた立場にあるが、他方、多くの日本のビジネスパーソンと対話をする中、「インドM&Aは難しい」という厄介な課題は、いくつかの要素に因数分解することで多少は整理がしやすくなるのではないか、と思うようにもなった。加えて、格段にインド企業とのM&A取引に取り

組みやすくなるような実務的な留意点や、ちょっとしたコツのようなものも経験値として蓄積してきた。

　本書は、成熟・減速・停滞を余儀なくされる日本市場と日本企業にとって、真に重要なインド経済の成長を取り込む手段としてM&A取引を円滑に進めていただくために、実務的な知識と経験則に基づく考え方を、「インドM&Aは難しい」の壁を乗り越えるためのロイター板（小学校の体育の授業、跳び箱の前に置いてある踏切板を思い出していただきたい）になれば、という思いで取りまとめた。
　1社でも多くの日本企業、1人でも多くのビジネスパーソンがインドで活躍するためのヒントになれば望外の喜びである。

株式会社マナスコーポレートパートナーズ　岡 田 知 也

目次

第3章 M&A取引の分類

第4章 インドM&A実務遂行上の留意点

第 1 章

「インドM&Aは難しい」
の因数分解

「インドM&Aは難しい」といわれる要因ともなっている「プロモーターの存在」「コミュニケーションの壁」「外資規制」の概要を理解する。

1 難しさの因数分解

　ただでさえ難しいとされるM&A取引であるが、インド企業、ないしインドの
ビジネスパーソンを相手とする場合、その難易度は格段に高くなる。ただし、人
によってそれぞれ何をもって難しいとしているかは微妙に異なるようだ。難しい
の内容は次の3つに大別できそうだ。これらの各要素を指して、またはその複合
体を指して皆様「インドM&Aは難しい」としているというのが筆者の実感だ。
具体的にはこの3つである。

　　①買収後の経営管理が難しい
　　②交渉で勝てる気がしない
　　③規制環境が複雑

　それぞれについて解説していきたい。

（1）買収後の経営管理が難しい

　インドの労務管理、地元自治体や規制当局との折衝などを考えると、インド企
業を買収した後も、売主である創業者の協力が必要不可欠になりそうだ。ただし、
インドの創業者（なんでも「プロモーター」という謎の概念があるらしい）が株
主として、マネジメントとして買収後においても残った場合、本当の意味でわが
社の支配が及ぶのかどうか、適切な経営管理ができるだろうかという不安を抱え
る日本企業は多い。やはりインドM&Aの一丁目一番地は、「プロモーター」とい
う謎の概念に対する正しい理解ということになると思われる。

　まずは「プロモーター」の概念を理解したうえで、各対象会社におけるプロ
モーターの存在感の確認とガバナンスの成熟度の見極めを行えば、買収後の統合
作業・経営管理の仕組みづくりのプランニングが格段に容易になる。プロモー
ターの存在感が絶対的であったり、ガバナンスが未成熟の企業であったりする場
合には、買収の見送りというのも選択肢の1つになろう。いかに戦略上のフィッ
トがあり、買収価格の目線がすり合ったとしても、統合作業がうまくいかなけれ
ばM&Aの成功はおぼつかない。話が脇道にそれたが、「プロモーター」という概
念をうまく理解できれば、会社を見極める際の軸が出来上がることになり、それ
が買収後の経営管理の難しさを推測し、乗り越える土台になる。

（2） 交渉で勝てる気がしない

　交渉に勝ち負けがあるかどうかは別にして、のべつ幕なしにしゃべり続ける、人の話を聞かないといった印象をインドの人々に対して持つ人は少なくないだろう。交渉で一方的にやられて押し負けてしまいそうな危機感がある、信頼や感情をベースに議論を進めたいのに、理屈で押し切られそうな怖さがある。阿吽の呼吸が通じず、議論にひたすら時間がかかる、実際に土壇場でとんでもないことを言い出されて閉口したという人の話を聞いたことがあるといった具合に、インド人相手の交渉にある種の恐怖を覚える＝難しい（避けたい）というものだ。単にガチンコの殴り合いでかなわなそうだという話だけでなく、何となく、ずるい・信頼にもとる交渉スタイルを警戒する向きも多いと思われる。

　この点は、対インドの交渉に限らずではあるが、日本のビジネスパーソンは、日本および日本企業において広く一般的であると思われているコミュニケーションのスタイルが、グローバルではやや「特殊」な部類に入っていることをまず自覚する必要があると思う。そのように文化相対的なアプローチで自らのコミュニケーションスタイルが「特殊」であることを前提とし、そのうえで日本とインドの「コミュニケーションの癖」の偏差を把握するというのが重要である。実際、多くの読者の印象のとおり、日本のコミュニケーションの癖と、インドのコミュニケーションの癖はかなり相性が悪い。ただし、その相性の悪さを、「自分たちのアプローチが正しく、相手が間違っている」と決めつけてしまうのではなく、「癖の違い」を認め、そのうえで正々堂々と議論するというのが重要である。

（3） 規制環境が複雑

　インドの規制環境の複雑さは、「州ごとに違う税制がある」（実際には、現在ではインド全国で付加価値税（GST）が統一されたのでそのようなことはないのだが、インドの複雑さを象徴する話で、今でもそのように理解している方も少なくない）、「特定のセクターに厳しい外国直接投資に関する規制が存在する」といった規制の複雑さも「インドM&Aは難しい」の要素としてあげられる。すべての規制は、規制当局が持つ問題意識を文書に落としたものであるので、単に規制そのものを理解しようとするのではなく、その背景・規制当局が持つ問題意識、すなわちインドの経済構造や成り立ち、環境などを理解しておくと（規制の1つひとつは都度弁護士等に確認するとしても）、大まかに「インドの事情を考えると、

これは問題になる規制がありそうな気がする」というアンテナが張れることになる。

　加えて、インドの規制について適切に理解し、サポートをしてくれる専門家の起用が重要になる。インド企業への投資やインド企業のM&Aは、インドの法律に基づいて実行されるので、インドの弁護士がいればよいように思われるが、筆者の経験からするとこれでは不十分である。なぜならば、インドの弁護士はインドの規制について「当たり前のもの」として捉えている傾向が強く、特に海外・日本からの投資に際してどの規制がなぜどのようなマグニチュードで問題になるかが把握できていないことが多い（このことは、日本に居住する日本人が、外国人が来日して住民登録する際の手続きやその煩雑さにピンとこないことに近いものがある）。

　インドM&A取引の検討・実施に際しては、インドの法規制・インドの事情を詳しく理解している日本の弁護士を専門家チームに加えることを強く推奨する。彼らは、インドの法律の概念を日本の法律知識に基づき理解しているので、「インドのこの法律の考え方は日本でいうところの○○である、日本で類似の概念として○○があるが○○の点で違いがある」といった形で説明することができる。難しいインドのM&A取引をより円滑に進めるためには、①外資規制の大枠を理解しておく、②規制の違いを適切に説明できる日本の弁護士をチームに参画させることがカギとなる。

　これまでの議論を図にまとめると**図表1-1**のようになる。プロモーターという概念を適切に理解することは、「買収後の経営管理が難しい」という壁を乗り越えるサポートになるとともに、「交渉で勝てる気がしない」を克服する一助に

図表1-1："インドM&Aは難しい"の因数分解と対応策

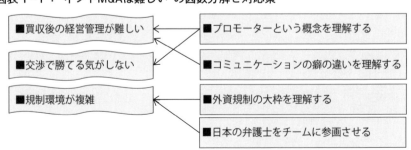

なる（敵を知り、己を知れば百戦危うからず）。日本とインドのコミュニケーションの癖の違いが理解できれば、交渉で起きそうな状況を予見できるので、「交渉で勝てる気がしない」を克服できるとともに、買収後の経営管理を考えるうえでの助けになる。

　複雑な規制環境は、その背景を理解すれば問題が起きそうな点を予見できるし、そのサポートを適切に行える日本の弁護士のチームへの参画は非常に大きな助けとなる。

　次項では、それぞれのポイントについて解説していきたい。

2 プロモーターとは何か？

（1）「プロモーター」とは、会社の支配者・創業者

　インド企業のM&Aを推進するうえで避けて通れないのが、「プロモーター」という言葉に対する正しい理解だ。日本語の語感では、「プロモーター」というと、芝居やイベント、コンサートなどを主催する人がイメージに浮かぶが、インド企業における「プロモーター」とは会社の支配株主のことであり、「オーナー企業のオーナー」と捉えるのが良い。創業者、創業家ファミリーを指して概念的に「プロモーター」と呼称することが多い。「この会社のプロモーターは誰か？」という問いに対しては、「○○氏である」「○○ファミリーである」という答えがすぐに返ってくる。

　他方、「プロモーター」は法律上定義された言葉でもある。より具体的には、①目論見書または年次報告書で「プロモーター」に該当すると記載されている者、②直接的または間接的に、ある会社の運営を支配している者、③その者の助言、指示または指図に従い、会社の取締役が活動している場合における、その者、のいずれかに該当する者とされている。インド上場企業の証券市場における活動を規制するインド証券取引法上でも「プロモーター」という言葉が定義されているなど、創業者、創業者ファミリーを指す概念的な言葉以外に、M&Aを推進するうえで重要なキーワードとなる。同じ「プロモーター」という言葉を使っても、使用する局面によって異なる概念を指す場合があるため、それぞれの意味合いを理解したうえでどちらの「プロモーター」を指しているのかを確認しながら議論していく必要がある。

(2) インド上場企業における「プロモーター」の存在

　インド上場企業は、四半期ごとに証券取引所に対して株主構成を報告・開示する義務を負っているが、株主構成の報告・開示に際しては、「プロモーター」である株主と、「その他一般株主」を厳密に区分して開示することが求められている（**図表1-2**：例として、インド上場企業の中で最も時価総額が大きい企業である、Reliance Industriesの株主に関する開示内容の一部を図示する）。

　誰を「プロモーター」と認定するか、認定から外すかは、上場企業自身が決めることになるが、「プロモーター」と認定されるに際しては、当該株主は公開買付を実施する必要があるなど、「プロモーター」であるかどうかの判定は厳密な判定が必要とされる。要するに、一般株主は、上場企業の株式に投資するに際して「誰がプロモーターの会社か」を前提としているので、プロモーターに変更が起きる場合、新たなプロモーターが登場する場合には、その前提が変わるため、「退出の機会」を提供する必要がある、というのがその背景である。

　なお、インドの証券取引法では、「プロモーター」以外の「その他一般株主」の持分割合を最低25％維持することを要請しており（すなわち、「プロモーター」の持分の上限は75％未満である必要がある）、「プロモーター」持分が高い上場企業に対しては、証券取引所から一定期間のうちに、「プロモーター」の持分を減らすように指導が入ることになっている。加えて、インド上場企業は、自社と「プロモーター」関係者との取引関係の有無ならびにその内容、取引条件が「アームズ・レングス[1]」であることの開示を求められている。

　このように、株主の中で明確な色分けが存在し、「会社を支配する」特定の人格が法律のシステム上で存在することになっているのが、インド企業のガバナンスシステム上の大きな特徴といえる。日本においても有価証券上場規程などで

図表1-2：開示の例：Reliance Industries Ltd

CATEGORY	31-DEC-2023	30-SEP-2023	30-JUN-2023	31-MAR-2023	31-DEC-2022
Promoter & Promoter Group	69.95	69.95	69.95	69.95	69.95
Public	30.05	30.05	30.05	30.05	30.05
Shares held by Employee Trusts	-	-	-	-	-
Total	100.00	100.00	100.00	100.00	100.00

1　「誰に対しても同じ腕の長さの距離をおく」という意味で、取引関係にある当事者間の独立性や競争の際の条件を平等にすることをいう。

「支配株主等」といった概念は存在するが、あくまで実際の議決権割合や実質的な支配の有無が判断基準となっている。インドの場合は「創業家ファミリーであるから、この会社のプロモーター」という、定性的な色彩が強いのが特徴である。

(3) 会社は「プロモーター」のものという伝統的思想と新しいトレンド

　これまで見てきたように、インドにおいて会社や法人といったものは、いわば単なる「箱」「器」であり、「プロモーター」こそが会社を運営している主体である、という整理が思想の根底に存在することがうかがい知れる。「会社は誰のもの？」という問いに対する答えは（厳密な会社法の概念、今日的な企業の捉え方など）さまざまであろうが、インドにおいては極端にシンプルである。すなわち、「会社はプロモーターのもの」であるという考え方だ。

　インドの上場企業の中には、「プロモーター」を持たない企業も存在する。例えば、証券取引所への開示においてエンジニアリング大手のLarsen Toubro LtdやICICI Bank Ltdなどの民間系の大手銀行は、株主に「『プロモーター』は存在せず、すべて『一般株主』である」という開示を行っている。特定の株主に支配される構造ではなく、高度なガバナンス構造を有しているという市場へのアピール目的であると考えられる。

　また、インドにおける活躍が目覚ましいスタートアップ企業の創業者が、自身のことを「プロモーター」と呼称することは少なく、多くの場合「ファウンダー」と呼称している。これは「創業はしたが、いわゆる昔ながらの『プロモーター』のように会社を支配しているわけではない」というニュアンスを出す目的であろう。スタートアップ企業は、多くの投資家から資金を集め、それら投資家に対して金銭的・事業的リターンを返すことを目的としている。そのような資本構成の会社において「プロモーター」を名乗ることは若干ミスリードとなるため、スタートアップ創業者は「プロモーター」ではなく「ファウンダー」と呼称していることが多いというのが筆者の整理である。

(4) インドM＆Aにおける「プロモーター」の重要性

　新しい統治構造を持つインド企業も増えているが、多くの場合インド企業には会社の絶対支配主としての「プロモーター」が存在し、実務面はもとより、従業

員や取引先などの対象会社を取り巻く関係者のメンタリティに深い影響を及ぼしている。

例えば、日本企業が総議決権の51％を買収し、既存の「プロモーター」家族が残りの49％を保有するといった状況において、従業員や取引先が日本企業を「支配株主」であるという認識をすることはまずない。議決権行使は純粋な数の理論であったとしても、実際の人々の行動は「この会社のプロモーターは誰か」というシンプルな問いへの答えによって規定されることになる。議決権の過半を取得したのに、適切な報告が受けられないというストレスを抱える日本企業は多く存在すると思われるが、対象会社の従業員や取引先などの関係者は、あくまで「プロモーター」の顔を見て行動し、報告を上げているのだ。

M&Aにおけるターゲット企業に「プロモーター」が存在するかどうか、しない場合、なぜ存在しないのか（ひょっとしたら買い手である日本企業にとっての幸運かもしれない）、存在する場合、交渉の相手方が「プロモーター」本人であるかどうか、またはプロモーター本人とどういう関係性にあるか（会社の絶対支配主である「プロモーター」からご神託をこちらに伝えてくるだけのメッセンジャーなのか、「プロモーター」に対して影響力を行使できる存在なのかなど）。

対象会社の事業の理解や財務体質、収益構造などに加えて、「プロモーター」の人となりや考え方、過去の事業運営において（特に向かい風のときに）どのような取り組みをしてきたかを把握・理解することは、インドM&Aを推進するうえで極めて重要になる。

3 コミュニケーションの癖を理解する

（1）グローバルでは極端な日本のコミュニケーションスタイル

インド企業の買収機会をクライアント企業にご紹介すると、「わが社はインドに及び腰で…」という反応によく接する。この意味するところは、どうやら「インド人相手の買収交渉がうまくいく気がしない」というものと、「仮に買収するとしてうまくインド企業を経営できる気がしない」という思考の複合体と思われる。国際会議において、インド人を黙らせるのと日本人を喋らせるのが最も難しい、という使い古されたジョークに象徴されるように、確かにそこには一理がありそうだ。

図表1-3：「コミュニケーションの取り方」に関するカルチャーマップ

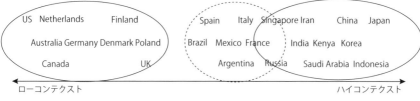

出所：エリン・マイヤー著『異文化理解力−相手と自分の真意がわかるビジネスパーソン必須の教養』
（英治出版、2015年）を元に岡田作成

　「とにかくあらゆる事項について交渉する、一度合意したことを後から反故にする、後から後から新しい論点が出てくる」というインドの交渉スタイルを「タフ」と捉えるよりは「とんでもない」と捉える向きは多く、それがインドM&A逡巡の根っこにあることは間違いない。ところで、本当にインドの交渉スタイルは「とんでもない」のだろうか？

　「カルチャーマップ」という言葉を聞いたことがあるだろうか？　エリン・マイヤー氏の著作『異文化理解力−相手と自分の真意がわかるビジネスパーソン必須の教養』（英治出版、2015年）で詳しく解説されているのだが、端的に言えば、「異なる文化においてはそれぞれに癖があり、それをお互い理解しておくとビジネスがより円滑に進む」ということを目的に、8つのマネジメント領域について各国の位置づけを可視化したものである。当該書籍において日本の文化が頻繁に取り上げられる。

　例えば「空気を読む：原文では"read the air"」という言葉の意味や、「飲みニケーション」という、タスクベースとも信頼ベースとも取れる日本特有の関係性の構築の仕方についてなどである。どうやら日本の文化は、このスケールによればやや「極端」と言えそうだ（ぜひ同書に目を通していただきたいのだが、各スケールにおいて日本の文化は極端な場所にプロットされている。**図表1-3**は、「コミュニケーションの取り方」に関するカルチャーマップだが、日本は最もハイコンテクストなコミュニケーションスタイルをとる文化圏とされている）。

（2）日本とインドのM&A交渉スタイルを「カルチャーマッピング」してみる

　このような発想のもと、M&A交渉における「プレイスタイル」を筆者の経験

に基づいて整理すると、次のことが言えそうだ。エリン・マイヤーによると、インドは比較的「ハイコンテクスト文化（コミュニケーションにおいて、言葉で何を言ったかよりも価値観、感覚といったコンテクスト（文脈、背景）に大きく依存する文化）」に位置づけられているが、筆者は特定のシチュエーションにおいては「比較的ローコンテクスト」になるのではないかと思っている。インドは1つの国の中に多言語・多文化があり、同じインド人同士で会話をする際に母語同士だと通じないケースがよくあるため、特にビジネスではインド人同士であっても英語でコミュニケーションを取ることが多い。ローコンテクスト文化の言語である英語を使うことで、ビジネスの領域においてインドは「比較的ローコンテクスト」にふるまうことに結果としてなるという整理である。

　日本の交渉スタイルは「超」ハイコンテクスト（言わなくてもわかるでしょう。明白なことを言葉に出すのは「野暮」）である。インドに出張し、M&A交渉に臨むチームが東京本社にいる経営陣と「合意形成をしながら」交渉の結果を積み上げていく（「今日はここまで合意できました。明日の交渉ではこの点とこの点を協議します。今、山の7合目なのでもう一息です」）。相手方も同様の考え方と合意形成をしていく文化圏の人であれば、合意事項の積み上げ＝信頼関係の構築、と捉えることができる。

　他方インド企業側は、基本的にはトップダウンの意思決定であり、議論することに躊躇しない。自分にとっての当たり前が相手にとっての当たり前なのかどうかがわからないので、念のため確認する。"確認までに"言葉に出して議論する。なお余談だが、ここでいう「当たり前」には2つの意味がある。両者間で合意していることが明らかである「当たり前」と、「相手が呑まなくて当たり前」、つまり"ダメもとの交渉"であっても言葉に出してみる、という発想である。

（3）とある「最終局面のディールブレイク」

　少しイメージを膨らませるために、M&A最終局面で典型的に起きがちな「ディールブレイク」を（とあるディールチームリーダーの目線で）物語風にしてみたい。インド企業の買収交渉のため、インドに出張に来たプロジェクトリーダーの方の気持ちになって読み進めていただきたい。

＊　　　＊　　　＊

　長かったインド企業との買収交渉も大詰め。インド出張でホテルに缶詰めの生

活も５日目を迎えた。インドではまだ早朝暗いうちから起きて、３時間半時差の
ある日本とWeb会議する毎日が続いている。昨日の交渉の進捗報告と今日の主
な論点についてすり合わせをする。残り６つの論点があるが、うち２つは譲れな
い。残り４つは場合によっては譲っても良い、そんな交渉方針が決まった。「後
一息だ。よろしく頼むよ」という社長の励ましがありがたい。打ち合わせ資料の
最後のページのスケジュール表。決算公表と同日の「最終契約の締結・公表」の
項目が目に入る。X-dayまで残りわずか。何とか今日でまとめないと間に合わな
い…。何とかしなければ。焦りとも高揚感ともつかない感覚がこみ上げる。

　朝食を済ませて、10時からホテルの会議室でインド企業側との交渉。こちら
は５分前集合だが、先方と先方のアドバイザーが15分遅れて入ってくるのはい
つものこと。ミルク入り・砂糖抜きのコーヒーだ、こちらはチャイだと、めいめ
いてんでばらばらに飲み物を注文するところから始まる会議がダラダラ続く…。
夕方になり当初方針どおり、譲れない２つは勝ち取り、３つは譲った。残り１つ
は最後に恩着せがましく譲るということで着地できそうだ。ほっと一安心。「と
りあえず順調です」というテキストメッセージを本社の部長に送る。日本はもう
夜８時になっている。

　そんなとき、おもむろにインド側から「大事な話なので」ということで、ひょ
うひょうとしたトーンで新たな論点が提示される。パニックになる。こみ上げて
きた酸っぱいものを呑み下し、冷えたチャイをすする。「そんな話は聞いてない
…」と反論するも、「うちの会長がどうしてもというのだ」と会長の威光を盾に
インド側の態度は強気だ。そこまで決定的な話のようにも思えないが、自分で判
断できるレベルでもない。あわてて東京にいる部長の携帯に電話をする。呼び出
し音が鳴るがつながらない。テキストメッセージで「大至急の相談です」と送っ
て、ようやく不機嫌そうな部長から折り返しの電話がかかってくる。どうやら会
食の途中だったようだ。事情を話すと「なぜそんな話がこの段階になって出てく
るのか？　合意を積み上げてきたのではなかったか？　どういう交渉をしてきた
んだ？　そのような話をこの段階でしてくるのは信頼関係にもとる」と激しい怒
りの声が聞こえてくる。ある意味予想どおりの反応に、「私もそう思います…」
と改めて怒りが湧いてくる。

　いったん、インドでの会議は「明日東京本社と協議する」として終わりにする。
眠れないまま翌日早朝の東京とのWeb会議に臨む。スピーカーのそばに座って

いるのは誰だろうか、苛立たしげに資料をいじるガサガサという音と、咳払い、溜息の音が聞こえてくる。部長からの報告を昨晩のうちに聞いていた社長は終始不機嫌で無言。会議の焦点は、新たに提起された論点の軽重というよりは、「そんな交渉のやり方・条件を呑んで良いのか？」という点に当たっている。これまで比較的サポートしてくれていた財務担当取締役の一言が決定打となる。「…こういう相手と一緒にやって本当にうまくいきますかね？　買収して終わりではないのですから…」。しばしの沈黙の後、「それもそうだな」という社長の言葉で「交渉打ち切り」が決まる。電話の向こう側、東京の会議室の空気がほっと緩んでいくのを感じる。膝に力が入らず、「House Keeping！」というホテル従業員のノックに応える気力も出ない…。

（4）ではどうすれば良かったか？

　やはり日本の文化がやや特殊であること（合意主義の意思決定だったり、対立回避型の議論スタイルであったり）を理解したうえで、相手方との基本的な交渉スタイルに違いがあること、そしてその違いを把握しておく。「こういう話が大事な局面で出てくるが、インド側に悪気はない」ということを、あらかじめ関係者に根回しをしておくことに尽きると筆者は考える。筆者がサポートさせていただくプロジェクトにおいては、そのような根回し（警告出し）を特にトップマネジメントの方々にしておくようにしている。

　交渉のどこかの局面でトップマネジメントが表敬・交渉にインドに出張されることは多いが、その際の食事や、空港のラウンジで飛行機を待つタイミングで雑談かたがたインプットするのがベストではないか。「今後も業界団体の会合に顔を出したいので、やっぱり取締役を辞任したくないと言ってくるかもしれない」とか「買収後の自身の処遇についてとんでもない条件を吹っかけてくるかもしれない」「息子を取締役にしろ」などのソフトな観点や、いったん合意したとしても何となく引っ掛かりがあった項目（価格だったり、競業避止の範囲であったり）については「巻き返しがあるかも知れない」といったある種の交渉ホラーストーリーを過去の経験を踏まえてお話しする。「さんざん脅かされたけど、そんなことなかったじゃないか」で済めば、後日の笑い話で終わる。

　このように認識しておけば、先のストーリーの部長も、会食途中で席を外した電話のタイミングでインドでの交渉で疲弊しているチームリーダーを叱責するの

ではなく、「やっぱり来たか」と受け止めることができるはずだ（チームリーダーもパニックにならずに済む）。翌朝の緊急会議は不要だったであろうし、当然「交渉打ち切り」の判断も無くて済む。インド側は信頼関係を損なおうとして言っているのではなく、あくまで交渉の一部として提起しているので、しっかり議論して納得できれば呑むしできなければ拒絶する、または相手のニーズに応えられる代替案を提案することでいくらでも対処できる話である。交渉事は信頼の積み上げであり、これまで議論していない論点を出すのは失礼だと感じるのは、こちらの受け取り方の問題かもしれない。

　実際に契約を結んだ後でくすぶるよりは、契約を結ぶ前に議論したほうがよいことはたくさんある。日本企業同士であれば「誠実協議」で済むことも、国際ビジネスの世界ではそうはいかない。新たな論点が出てきた際に、脊髄反射で拒絶するのではなく、しっかりと受け止めて対処していくことこそが相手からの信頼感につながるのではないかと考える。

　また、この手の交渉は、もう１つの「当たり前」、すなわちダメもと交渉であることもあるので、冷静に受け止めたうえで、笑顔で「まさか！冗談でしょ」と突っぱねると「そうだよね」と引っ込めたりすることもままある。このような駆け引きも交渉の醍醐味と捉え、インド企業との交渉に臨んでいただきたい。

4 外資規制の大枠を理解する

（1）インドは貿易赤字国

　農業から始まり、労働集約の製造業に移り、そして最後にサービス業が発展するというのがこれまでの経済発展のパターンである。例えば、インドとよく対比される中国の経済成長、また日本の経済成長もこのパターンを踏襲している。他方、インドは日本や中国とは異なり、サービス業主導で成長してきたという特徴がある。インドのGDPにおけるサービス業のシェアは絶えず上昇を続け、1980年代以降は農業を上回っている（**図表１−４**）。製造業のシェアは21世紀に入って農業部門のシェアを超えるようになったものの、引き続きインド経済の成長を牽引しているのはサービス業だという顕著な特徴がある。

　加えて、インドは資源の多くを輸入に頼っており、例えば原油はUAEやアメリカから輸入している。インドの輸出入統計の上位を見ると興味深い傾向が見て取

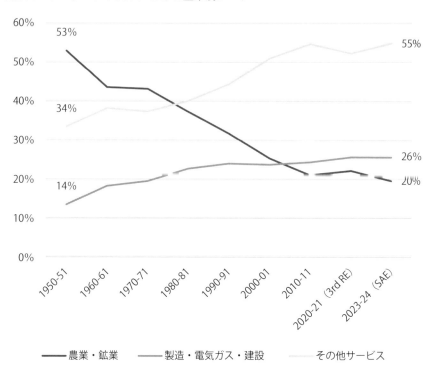

図表1-4：インドのGDPにおける産業別シェア

60%

53%

50%

34%

40%

30%

14%

20%

10%

0%

1950-51 1960-61 1970-71 1980-81 1990-91 2000-01 2010-11 2020-21（3rd RE） 2023-24（SAE）

55%

26%

20%

―― 農業・鉱業　　―― 製造・電気ガス・建設　　―― その他サービス

出所：Ministry of Statistics and Programme Implementation

れる。インドの輸入額最大の品目は原油だが、輸出額最大の品目は石油製品となっている。石炭を輸入して鉄・鋼を輸出、金や真珠を輸入し、金製品・ジュエリーを輸出するなど、付加価値度合いがさほど高くないものの、加工貿易といえそうなモノの動きが見て取れる。その他輸出品目では、「医薬品製剤、生物学的製剤」が全体の3位と大きな位置を占める（ご存じのとおり、インドは世界の製薬工場として有名）。全面的に加工貿易ということであれば貿易黒字になりそうなところ、例えば2023年4月から7月の4ヵ月で原油・石油製品の輸入額が1,745億ドルであるのに対し、石油製品の輸出額は813億ドルとなっている。輸入された原油が、輸出用の石油製品の製造のみならず、インド国内での使用に多く振り向けられていることがわかる。実際、インドは多くの資源を海外からの輸

入に頼っている。

　このようなインドの経済構造の特徴、すなわち、「サービス業中心のGDP（サービス業＞製造業）」、「多くの資源を輸入に頼っている構造」があり、また加工貿易領域における付加価値が相対的に低いことから、結果として歴史的に貿易赤字・経常収支赤字という収支構造になっている（**図表1−5**）。ナレンドラ・モディ首相により提唱された「メイク・イン・インディア」はモディ政権の象徴ともいえるコンセプトだが、まさしくこの構造を是正していくための取り組みであるといえる。

　貿易赤字（輸入額＞輸出額）は、常に自国通貨の売りが買いを上回るため、自国通貨が減価する要因となる。自国通貨の減価（ルピー安）は、自国通貨建ての輸入資源価格の上昇をもたらし、物価の押し上げ圧力につながる。為政者としては、自国民の生活を保護するために、長期的には「メイク・イン・インディア」の推進により国内製造業の発展を促すが、短期的には海外からの直接投資を促進したい（モディ首相が日本企業のインド進出のサポートに熱心な背景は、このような構造によるものといえる）。加えて、資金還流（ルピー売り、投資主の通貨買い）がしづらい状況を作り、「インドに長期的に投資資金が滞留する」状況を作ることが重要になる。インドの外為規制はまさしくこれを目的としており、安

図表1−5：インドの貿易収支

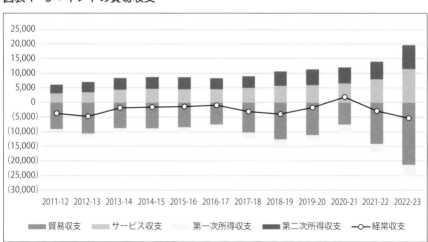

出所：Reserve Bank of India

易に資金還流ができないようになっている。

> 「外為規制ルール1：インドに長期的に投資資金が滞留するような仕組みと
> なっており、資金還流には制限がかかる」

(2) インドは世界最大の民主主義国家

2022年7月11日に国際連合が公表したレポート（World Population Prospects 2022）によると、2022年中国の人口14億2,600万人に対してインドの人口は14億1,200万人だが（**図表1-6**）、既述のとおり2023年中にインドが中国を抜いて世界トップになった。2050年には、中国の人口は13億1,700万人に減少し、他方、インドの人口は16億6,800万人と増加の一途をたどるとしている（1990年には世界7位の人口大国であった日本は、2022年には11位に転落、2050年にはランク外に転落するというのが国連の予想）。

人口大国インドは、しばしば、「世界最大の民主主義国家」といういわれ方をする。ニュアンスとしては、共産主義の中国との対比で、インドは民主主義国家であるがゆえに、トップダウンの経済政策（例えば公共部門による国内ハードインフラ整備等）が取れず、結果として爆発的な成長が実現しない、というややネ

図表1-6：国連人口ランキング

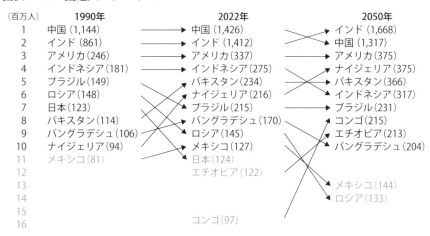

（百万人）

	1990年	2022年	2050年
1	中国（1,144）	中国（1,426）	インド（1,668）
2	インド（861）	インド（1,412）	中国（1,317）
3	アメリカ（246）	アメリカ（337）	アメリカ（375）
4	インドネシア（181）	インドネシア（275）	ナイジェリア（375）
5	ブラジル（149）	パキスタン（234）	パキスタン（366）
6	ロシア（148）	ナイジェリア（216）	インドネシア（317）
7	日本（123）	ブラジル（215）	ブラジル（231）
8	パキスタン（114）	バングラデシュ（170）	コンゴ（215）
9	バングラデシュ（106）	ロシア（145）	エチオピア（213）
10	ナイジェリア（94）	メキシコ（127）	バングラデシュ（204）
11	メキシコ（81）	日本（124）	
12		エチオピア（122）	
13			メキシコ（144）
14			ロシア（133）
15			
16		コンゴ（97）	

出所：United Nations

ガティブなトーンが強いだろうか。

　一方で、2004年から10年にわたり中央政権を務めた国民会議派が2014年の総選挙で大敗し、ナレンドラ・モディ氏率いるインド人民党（BJP）が与党となり、さらに2019年の総選挙でも大勝利を収めたことでインドは新たなステージを迎えたという事実もあり、極めて民主的に政権交代が行われている国である。他方で（モディ政権に限らずではあるが）、民主主義国家、すなわち政治的リーダーシップの発揮には有権者の支持を獲得し続ける必要があるという事実が、インドに投資をしようという外国企業にとって「厄介な」外為規制という形となって立ちはだかることもまた事実である。

　インドのGDP構成比で最も高い産業がサービス業であることは前述した。これを人口別でみるとどうなるか。インドの就業人数（合計512百万人）の産業別に区分けしたのが**図表1-7**である。インド全体の実に45.6％が農業に従事しており、そのほとんどが農村部に所在していることがわかる。

　民主主義の原則、すなわち1人1票の原則から、農村部の農業従事者がインドの政治において重要な役割を果たすことがわかる。

　インドの国家投資促進機関であるInvest Indiaによると、インドの小売業界がGDPに占める割合は約10％、労働力全体に占める割合は約8％とされている。また、インドの小売業界全体のうち、スーパーマーケットやデパートなどの、いわゆるModern RetailやOrganized Retailといわれる新業態が占める割合はわずか12％であるとされており、伝統的な小売業態（Traditional RetailやUnorganized Retailと称され、キラナストアがこの大部分を占める）が小売業界全体の9割弱

図表1-7：産業別就業人数

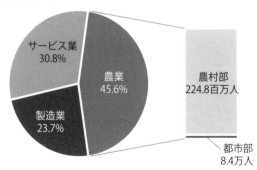

を占めるという計算になる。

（3）外資規制の大枠とその意味合い：国内産業を保護する「FDI規制」

　前述のように、世界最大の民主主義国家インドにあって規制の保護を最大限受けているのは、もちろん農家である。農業に関してはごく一部の領域について、100％まで自動認可ルートで出資が可能だが、逆をいえばそれ以外の農業への直接投資はできないということになる（**図表1-8、図表1-9**）。

　また、都市部・農村部を問わず小規模の小売業者（キラナストアと呼ばれる小規模商店が中心）も政治的な影響力が強く、したがって、外資規制の対象となっている。小売業への外資規制についてはこの10年あまりで随分と規制緩和がされ、特にキラナストアのような小規模小売業との競合の度合いが薄いシングルブランドリテールに関する規制はかなり進んだ（一部インド国内調達要件等があるにせよ、100％上限、政府の認可を必要とせず出資が可能）。他方、キラナストアと競合が予想されるマルチブランドリテール（複数ブランドの商材を扱う小売業。スーパーマーケットや百貨店等）に対する外資規制は厳しく残っている。

　WalmartやAmazonは長らく巨大なインド小売市場への進出を果たすべく挑戦してきたが、その厳しい規制の壁に阻まれてきた。世界の列強は何とかその規制の壁を潜り抜けてインド消費者にアクセスするべく、独自の工夫でインド消費者市場への食い込みを模索している。Walmartは、2018年8月にインドのネット通販大手のFlipkartの株式77％を160億ドルで買収し、B to B取引のネット通販の形でキラナストアに商品を卸すことで、間接的にインド消費者にアクセスして

図表1-8：FDI規制（農業への直接投資）

5.2.2.1 ：100％まで自動認可ルートで投資が可能な農業の類型
①紅茶事業（紅茶農園を含む） ②コーヒー農園 ③ゴム農園 ④カルダモン農園 ⑤パーム油農園 ⑥オリーブ油農園

図表1-9：マルチブランドリテール等に対する外資規制

	規制の概要	業態のイメージ
シングルブランドリテール	100%まで自動認可ルートで出資可能。ただし、販売する製品は単一のブランドである必要があり、また出資比率51%超の場合は製品調達額の30%をインド国内から調達する必要がある	グローバルブランドのインドにおける小売店（例えばナイキやアディダスといったスポーツアパレル。IKEAや日本の無印良品もシングルブランド小売業態でインド出店済み）
マルチブランドリテール	51%まで出資可能だが、政府の認可が必要。最低投資額は1億ドル、うち50%はバックエンドインフラストラクチャー（加工、製造等のインフラ）に対して投資される必要があり、また製品調達額の30%をインド国内の小規模産業から調達する必要がある。また、店舗は人口100万人以上の都市または州政府が定める都市にのみ出店可能。加えて、マルチブランドリテールの進出を認める州にのみ進出可能	スーパーや百貨店等、さまざまなメーカーの製品を販売する業態

いる。Amazonは、"Local Shops"というプログラムを持ち、積極的にキラナストアの参画を呼びかけている。当該プログラムに登録したキラナストアは、"Prime Badge"を店頭に掲げることができる。ユーザー（インドの消費者）は、Amazonで注文した商品のデリバリーセンターとして自宅などの近くにあるキラナストアを活用できるという仕組みだ（キラナストアはAmazonから口銭を受け取れるし、消費者による「ついで買い」を期待できる）。このように、リテール業態そのものではなく、限りなく近い業態で消費市場にアクセスを試みる動きが見られる。

（4）悪名高き、居住者保護「価格ガイドライン」

　インドの居住者と非居住者間の資本取引において、インド法人の株式の取得に際して居住者を保護するための規制として「価格ガイドライン」が存在する。具体的には、1999年外国為替管理法に基づき、インド居住者からインド非居住者がインド法人の株式を取得する場合、「基準価格」よりも高く取得する必要があり、インド非居住者がインド居住者に対してインド法人の株式を売却する場合には「公正な価格」より安く売却する必要がある（非居住者が居住者から公正な価

格より低く買い取る場合、高く売却する場合には、インド中央銀行（Reserve Bank of India：RBI）の事前承認が必要になる）。

　ここでいう「基準価格」とは、対象となるインド法人が上場している場合は株価の過去平均（別途の規制、すなわちインド証券取引委員会（SEBI）のガイドラインで定められている、上場企業が第三者割当増資をした場合の株式発行価格に関する規制に基づく基準価格）となる。より具体的には、①基準日から起算して過去90取引日の株価（売買高加重平均価格）の終値の週ごとの最高値と最安値の平均、または②基準日から起算して過去10取引日の株価（売買高加重平均価格）の週ごとの最高値と最安値の平均、のいずれか高いほうの価格ということになる（このSEBIのガイドラインは2022年1月に改正されたが、当該改正以前は、①は過去26週間、②は過去2週間を参照することとされていたので、対象になる株価参照期間が短くなったことになる）。

　対象となるインド法人が上場していない場合は、SEBIに登録しているマーチャントバンカーまたは勅許会計士（Chartered Accountant）または原価会計士（Cost Accountant）により適切に承認された、国際的に認められた価格算定方式で算出される原価ということになる。より具体的には、事業計画を作成し、その将来キャッシュフローを現在価値に割引計算して算出するディスカウンテッド・キャッシュフロー法や、上場している類似した会社の株価倍率（株価と特定の財務指標の倍率）を対象会社に当てはめて算出する類似株価倍率法などが使われる。

　インド企業とのM&A取引においては、当該規制を盾にした価格交渉がまま行われるが、この対処法などについては後述する（第4章1節）。

（5）資金還流を難しくする「ECB規制」

　前述のように、インド側には、外国からの投融資を容易には投資元に還流させたくないという思想がある。そのため、投資元への還流が難しいエクイティ投資よりも、より資金還流がしやすいローンなどの負債性の手段による資金提供には対外商業借入（External Commercial Borrowing：ECB）規制という規制が存在するので留意が必要である。ECBとは、インド居住者が認定された非居住者から調達する商業借入（ローン）を指し、定められた最低償還期間、資金使途、上限金利等の条件に従う必要があるというものである。

　特にM&Aの文脈で重要になるのは、端的に言えば、一定の資本関係がある場

合（直接出資の場合25％、間接出資の場合51％）には比較的広めの資金使途での融資が認められるが、そうでない場合は資金使途が厳格に制限される。例えば、10％しか出資していない企業に対する一般運転資金目的や、ルピー建て借入の返済目的での貸付はRBIの事前承認が必要となる。何をもって負債性とするかという観点からM&A取引特有の留意点が存在するので、その点は後述する（第4章「インドM&A実務遂行上の留意点」）。ECB規制についても近年改正が続いており、以前に比べればローン性の資金提供もしやすくなってきているが、都度最新の規制を確認し、何ができて何ができないかを調べておく必要がある。

（6）まとめ

　インドは、構造的な貿易赤字国という特性から、海外からの投資に関して投資元に容易に資金還流が起きないよう、さまざまな歯止めがかけられている（ECB規制等）。世界最大の民主主義国家であるがゆえに、票田となる産業には直接投資がしづらい事情がある。また、国内の投資家を保護する目的で、海外居住者との株式譲渡取引における価格規制（海外居住者は高く買わされ、安く売らされる）が存在する。これら規制の根底に流れる思想について理解しておくことで、インドの規制に抵触するような取引条件を安易に握らないセンサーを持つことができるようになる。

第 2 章

インドM&Aの歴史

続いて本章では、日本とインドのM&Aの歴史について、
この20年ほどの動きをごく簡単におさらいしておきたい。

1 インドへの海外直接投資における日本の位置づけ

（1）海外直接投資における日本の存在感

　図表2-1は、インドに対する海外からの直接投資の金額（十億米ドル）の推移である。1991年の経済改革以降、インドに対する海外からの直接投資の金額は順調に拡大してきたが、特にモディ政権発足後の伸長が顕著である（モディ政権発足後は網掛け）。

　興味深い点としては、コロナ禍に見舞われた2020年3月以降の動きに注目したい。この間、インドに対する海外からの直接投資は減少するかと思われたが、

図表2-1：対インド海外直接投資

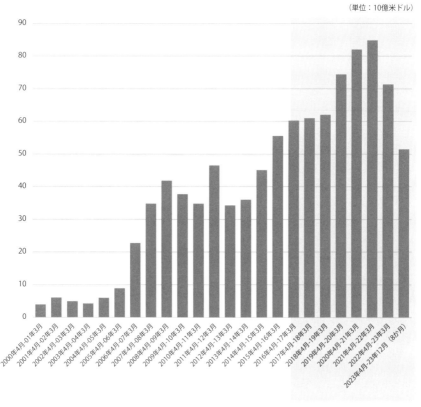

（単位：10億米ドル）

出所：The Department for Promotion of Industry and Internal Trade

図表2-2：投資元別対インド直接投資

(百万USD)

2018年3月まで累計			2020年3月まで累計			2023年12月まで累計			差分
1	モーリシャス	127,578	1	モーリシャス	142,710	1	モーリシャス	170,918	28,208
2	シンガポール	66,771	2	シンガポール	97,670	2	シンガポール	155,612	57,942
3	日本	27,286	3	オランダ	33,852	3	アメリカ	63,031	33,252
4	イギリス	25,438	4	日本	33,499	4	オランダ	46,037	12,185
5	オランダ	23,482	5	アメリカ	29,779	5	日本	41,475	7,976
6	アメリカ	22,417	6	イギリス	28,211	6	イギリス	34,794	6,583
7	ドイツ	10,845	7	ドイツ	12,196	7	UAE	18,008	10,472
8	キプロス	9,573	8	キプロス	10,748	8	ケイマン諸島	15,139	2,943
9	フランス	6,237	9	フランス	8,539	9	ドイツ	14,506	7,515
10	UAE	5,754	10	ケイマン諸島	7,536	10	キプロス	13,441	2,693
11	スイス	4,314	11	UAE	6,991	11	フランス	10,845	2,306
			12	スイス	4,842	12	スイス	9,946	5,104
13	ケイマン諸島	2,826							

出所：The Department for Promotion of Industry and Internal Trade

むしろ順調に伸長している。

　この間、すなわちコロナ禍においても順調に海外から直接投資を受け入れているインドにおいて、投資元国家としての日本のプレゼンスに大きな変化が見られる点をあげておきたい。投資元別の対インド直接投資を見てみると、2000年4月から2018年3月までの累計投資額で、日本はモーリシャス、シンガポールについで世界第3位のポジションを、2020年3月までは世界第4位のポジションを占めていた（**図表2-2**）。

　首位のモーリシャスは、2017年までモーリシャスからインドへの直接投資に税制優遇があり、欧米企業の多くがモーリシャスを経由して投資を行っていた経緯が影響している。シンガポールもインドとのつながりが強く、またモーリシャス同様に税制優遇があったことが上位にランキングされている背景にある。もちろん、最終的な資金の出し手までトレースするとこのランキングが変わってくる可能性は当然あるものの、逆に言えば、税制優遇がないにもかかわらず、当該ランキング上位につけていた日本の存在感は大きかったといえる。

（2）コロナ禍で存在感を増すアメリカ

　コロナ禍において、急速に存在感を増したのはアメリカである。モーリシャス・シンガポール経由で投資するインセンティブが薄れたということもあると思われるが、いわゆるGAFAM（Google、Apple、Facebook、Amazon、Microsoft

を指す）による対インド巨額投資が相次いだことが理由としてあげられる。実額としても、2022年３月末までの累計投資額は2020年３月末までの累計投資額から244億ドル増加している（日本からの直接投資の累計総額が2000年からの20年間累計で369億ドルである事実と比べると、その突出具合が実感できる）。同様にシンガポールからの直接投資も大きく伸びているが、これはシンガポールに所在する欧米・日本のアジア統括拠点から投資が行われていることが理由であろう。

　このように、コロナ禍においても、いやコロナ禍だからこそインドへの投資を進めたアメリカの大手企業の動向（いわゆるGAFAMの投資の目的は、インド14億人の人口へのアクセスを求めての投資である。例えばFacebookは、インドの大手携帯電話キャリアのReliance Jioに対して、57億ドルを投資した。Facebook傘下のメッセージングアプリのWhatsAppは、この投資を契機にRelianceグループの小売事業子会社Jio Martと宅配事業に取り組むなど、コロナ禍ならではの事業展開をインドで実施している）に比べ、この時期投資を手控えた日本企業との間に存在感の逆転が起きているといえよう。

　コロナ禍を挟んでの投資元国別直接投資の動向で、日本のプレゼンス低下・アメリカのプレゼンス上昇、という事実関係を把握した。次項では、いったん時間軸を巻き戻し、日本とインドのM&Aの歴史を振り返りたい。

2 時系列でみる日本とインドのM&A

（1）2008年・2014年問題

　日本とインドのM&Aの歴史で、特に重要な年が2008年と2014年である。

　2008年は日本企業によるインド企業への大型投資、第一三共株式会社（以下「第一三共」）によるランバクシー・ラボラトリーズ・リミテッド（以下「ランバクシー」）の買収と、株式会社NTTドコモ（以下「NTTドコモ」）による、タタ・テレサービシーズ・リミテッド（以下「TTSL」）への出資、の大型案件２件が公表され、日本とインドのM&A本格時代が始まった年である。

　また、2014年はこれら２社が当該投資からの撤退を公表した年である。この象徴的な２つの年を境とするそれぞれの期間、そしてそれ以降の時期について時系列を追って概説する。

（2）2007年以前から2008年：日本とインドのM&A元年

　2007年より前の時期にも日本企業とインド企業による合弁会社設立案件は存在したが、議決権の過半を買い取るような買収案件はまだ盛んには行われていない。

　2007年にはパナソニック電工（当時は松下電工）によるインドのスイッチ製造会社アンカー・エレクトリカルズ・プライベート・リミテッドの買収を含め15件のM&A案件が公表されるなど、日本とインドのM&A本格化の兆しが見られる。

　翌2008年は、6月に第一三共によるランバクシーの買収（約4,900億円）、11月にはNTTドコモによるTTSLへの出資（約2,600億円）と日本企業による大型投資案件の公表が続いた。この2案件を契機に、日本企業がインドへの進出方法の選択肢として積極的にM&Aを検討する時代が始まったといえる。

（3）2009年から2013年：インド進出オプションとしてのM&Aが定着

　2009年、2010年はいったん落ち込むものの、2011年・2012年・2013年は各年の成約案件数が20件を超える件数に増加した。2008年の大型2案件の成約実績はインドでも耳目を集めた。その結果、インドの投資銀行やインドの企業家、プライベート・エクイティ・ファンドなどが日本企業を「有力な買い手」として認識し、積極的に案件を持ち込むようになったことがこの背景にある。リーマンショックの余波を受けて欧米企業の買収余力が相対的に低下していたことも、日本企業に対する期待を高める役割を果たしていたといえる。

　例によって筆者の体感となるが、多くの日本企業が、時間をかけて何件かインドのM&A案件を検討し、本格交渉を経て案件の成約・公表に結び付けることができるようになったのが2010年から2011年頃である。それまでは、ごく一部の企業だけが検討していた「M&Aを通じたインド進出」がある意味市民権を得て、また案件実績の積み上がりから実務がこなれていったこともあって、多くの日本企業にとって選択肢として認識されるようになったのがこの時期といえる。

　2014年4月には、第一三共が、子会社であるランバクシーとインド大手の後発薬製薬会社サン・ファーマシューティカルズ・リミテッド（以下「サン・ファーマ」）との合併を公表した。第一三共はそれまでランバクシーの約63.4%

を保有する株主であったが、合併後は（サン・ファーマとランバクシーの合併新会社の）約9％を保有する株主となり、ランバクシーは第一三共の連結決算の対象から外れることになる。これは、2008年の第一三共による買収公表直後に、ランバクシーが米国食品医薬品局（FDA）からランバクシーの複数工場に観察された問題点について改善されていないことを理由に米国に対する禁輸措置が発表されるなど、ランバクシー社のずさんな経営実態が明らかになり、第一三共がランバクシーへの投資からの退出を検討していたことが背景にある。

　同じく2014年4月にNTTドコモは、保有しているTTSL持分に関して「売却するためのオプションを行使することを決議した」と公表した。当初の出資契約において、TTSLが一定の業績目標を達成しない場合、NTTドコモが要請する場合には、タタはNTTドコモが保有する株式の買い手を見つけなければならないという条項に基づくものである。

　日本の大企業2社が相次いでインド投資からの退出を公表したのが2014年であるが、2014年以降になっても、日本企業によるインド企業の買収案件は引き続き、年間10件程のペースで続いていく。

（4）2015年以降：ソフトバンクの躍進

　2015年頃になり、日本企業によるインド企業への投資の主役に躍り出たのは、ソフトバンク（本体およびソフトバンク・ビジョン・ファンド）である。

　インドを代表するEコマースのFlipkart（のちにインド進出を渇望するWalmartに売却したが、2021年に再度出資している）、モバイル決済のPaytm（ソフトバンクとヤフーの合弁会社であるPayPayのサービスは、PaytmのQRコード決済の技術を応用している）、格安ホテル予約のOYO、インド配車サービスOlaの子会社で電動二輪車の開発を行うOla Electric Mobilityなど、インドの有名スタートアップに投資をしている。

　これまでの日本企業によるインド企業の買収・出資は、「インド市場で自社製品を展開するための、インドスペックに合致した製造拠点や販売網の獲得」というテーマに沿ったものが主だったが、ソフトバンクグループの投資ターゲットはデジタル領域で躍進するスタートアップということで若干色彩を異にしているが、インドにおける日本企業のプレゼンスという観点で強力な存在感を放っている。

3 コロナ禍での日本からインドへの投資

（1）日系ベンチャーキャピタルの躍進

　2020年2月初旬、豪華クルーズ客船での集団感染を皮切りに、日本でも新型コロナウイルスが感染拡大を迎えた。この間海外出張もままならなくなった影響は、日本とインドのM＆Aシーンにも大きな影響を及ぼしている。

　前述のとおり、日本企業によるインド企業の買収・出資は、「インド市場で自社製品を展開するための、インドスペックに合致した製造拠点や販売網の獲得」を主なテーマとするものであった。そのため、M＆Aの実行に際しては、やはり現地の視察は欠かせない。Web会議システムの整備により、契約交渉に際してわざわざ海外出張をする必要も随分と減った。M＆Aアドバイザリー業界界隈では、スマートフォンを持った対象会社のマネジメントが、Web会議で中継する形で工場見学を開催するなど、さまざまな工夫が行われたが、買収を決議する日本企業の取締役会において「現地に一度も足を運んでいない」買収案件が通るはずもなく、以前検討していた案件を再開するという形以外でのM＆A案件を推進するのは難しかったというのが実情であろう。

　この間、存在感を増したのは、日系のベンチャーキャピタルである。日本経済新聞の調査によれば（2022年5月6日「ベンチャー投資、日本は米の1％　コロナ禍で格差再拡大」）、2021年のベンチャー投資の流入額の国別ランキングで日本は35億ドルで11位に対して、インドは477億ドルで3位となっている（1位はアメリカの3,761億ドルで桁違い、2位は中国の611億ドル。急速にインドと中国の差が縮まっている点も注目に値する）。インド発のユニコーン（評価額が10億ドル以上、設立10年以内の非上場ベンチャー企業）は2021年8月の時点で40社に上り、こちらもアメリカ、中国に次いで世界第3位となるなど、インドはスタートアップ超大国としても知られる。

　このようなスタートアップ超大国であるインドに注目する日系ベンチャーキャピタルが複数存在し（リブライトパートナーズ、Beyond Next Ventures、インキュベイトファンド、BeeNext、グリーベンチャーズなどがインドのスタートアップに積極投資しているベンチャーキャピタルとしてあげられる）、これら日系ベンチャーキャピタルによるインドスタートアップ投資が積極的に実行されて

いる。

　これらベンチャーキャピタルの活躍は、日本企業のインド進出の橋頭堡という観点からも見逃せない。日系ベンチャーキャピタルが投資したインドスタートアップは、数多くのスタートアップ企業を見てきているベンチャーキャピタルの「目利き」を経ているうえに、株主に対して適切にレポーティングが上がってくる体制が相応に構築されていることが期待される。プロモーター主導の伝統的なインド企業よりも、より投資がしやすい類型の会社として成長していることが期待されるため、今後、「日本企業による、日系ベンチャーキャピタルが売主となるインドのスタートアップ企業買収案件」は増えていくのではないかと筆者は推測している。

（2）M&A市場の状況（足元の状況）

　翻って足元は、徐々に日本企業によるインド企業への出資・買収案件が増加しつつある。2022年に入ってから2024年3月までに公表／報道された日本企業によるインド企業への出資・買収案件の主なものは、下記のとおりである（**図表2－3**）。コロナ後を見据え、改めてインドでの事業拡大を目指すトレンドにあると推察される。

図表2－3：日本企業によるインド企業への出資・買収案件

公表日時	概　要
2024年3月8日	横河電機、インド流量計メーカーであるアデプト・フルイダインの買収を公表
2024年3月7日	三井住友がインドのノンバンク（SMFGインディア・クレジット/旧フラトン・インディア）を1000億円で完全子会社化
2024年2月24日	日東精工、インドの自動車向けボルトメーカーであるバルカンフォージとその子会社の買収を公表
2024年2月19日	三菱商事、インドで日本車販売網　現地大手であるTVS Vehicle Mobility Solution Private Limitedに3割出資
2024年2月13日	みずほ銀行、インドのノンバンクであるキセツ・ファイナンス・インディアに15%、最大210億円出資し持ち分法適用会社に
2023年12月27日	三井物産、インドのEVバス新興であるピナクル・モビリティ・ソリューションズに数十億円規模を出資
2023年12月6日	エムスリー、インドの医師・医学生向け学習予備校運営のドクター・バティア・メディカル・コーチング・インスティテュートの買収を公表

2023年11月16日	レンゴー、インドの段ボールメーカーであるヴェルヴィン・コンテナーズ社の株式の30%を取得
2023年9月12日	住友化学、農業向け害虫駆除を手掛けるインドのバリックス・アグロ・サイエンスの買収を公表
2023年7月26日	Hitachi Payment、インド・ライターコーポレーションの現金管理事業の買収を公表
2023年7月19日	第一生命HD、インドの保険仲介業者であるリニューバイに約54億円を出資
2023年5月8日	大和証券、インドの金融大手アンビットとの資本業務提携を公表
2023年4月3日	三菱UFJ銀行、インドのノンバンクDMIファイナンスに約317億円の出資を公表
2023年2月2日	みずほリース、インドのリース会社であるレントアルファの買収を公表
2022年11月22日	キリン、インドの新興ビールメーカーであるビーナインビバレッジに約100億円を追加出資
2022年9月28日	日本製鉄、アルセロールミタルと共同で、インドのエッサール・グループが保有するインフラ資産の買収やハジラ製鉄所での鉄源・熱延設備等の新設・増強に合計約1兆円を投下する旨を公表
2022年8月31日	ルネサス、インドのレーダー技術スタートアップ買収
2022年8月26日	日鉄のインド合弁、港湾や発電所を3,280億円で取得へ
2022年8月24日	フジテック、インド昇降機メーカーを買収
2022年8月4日	電通グループ、インドの「エクステンシア社」買収により、マークル社の顧客体験マネジメント領域を強化
2022年3月7日	ADK、インドのCXエージェンシー「Rage社」を買収。アジア〜オセアニア市場におけるソリューションの基盤を強化
2022年2月22日	凸版印刷、インドのフィルムメーカーを連結子会社化（49%→90%）
2022年1月28日	ヒューマンライフ・マネジメント、インドの在宅医療スタートアップを完全子会社化

第 **3** 章

M&A取引の分類

　一般的にM&A取引は、組織再編か取得かに大別され、また取得の対象が株式か事業や資産かに分類できる。この章では、それぞれのケースについて、インドでの実務上の留意点を解説する。

1 取引対象別の分類

　一般論にはなるが、M&A取引は、合併などの組織再編なのか、取得なのかに大別され、また取得の対象が、対象会社の株式なのか、それとも対象会社の事業または資産の一部なのかで分類できる（**図表3-1**）。また、取得する株式が、既存株式なのか、対象会社が新規に発行する新株なのかで手続きが大きく変わってくる（株主を契約の相手方とする株式譲渡取引なのか、対象会社を契約の相手方とする新株引受契約なのか）。加えて、対象会社が上場企業の場合、非上場会社のそれに比べて手続きが大きく変わってくることになる。

　それぞれのケースについて、特に実務上問題になる事柄についてごく簡単に留意点を記載しておく。

図表3-1：M&A取引の分類

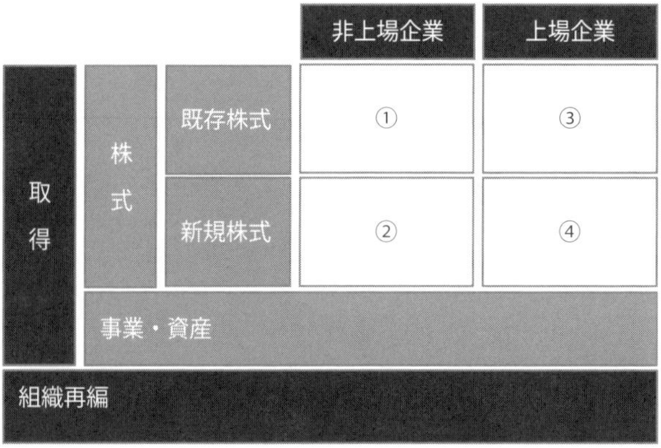

			非上場企業	上場企業
取得	株式	既存株式	①	③
		新規株式	②	④
	事業・資産			
組織再編				

2 株式の取得

（1）非上場会社の株式の取得（既存株式の取得）

　インド企業への投資または出資の際に最も多く用いられる手法が、発行済株式の取得、特に非上場会社の株式の取得であろう。対象会社が非上場会社の場合、買い手は、売り手との間で締結する株式譲渡契約に加えて、対象会社の取締役会

の承認を得る必要がある（したがって、対象会社の取締役会の承認が得られることを株式譲渡の実行の前提条件とする必要がある）。

　インド企業への投資・買収取引において、新たに株主になった者には、Share Certificateという券面が交付されることになる。Share Certificateは、日本における株券のように見受けられるが（対象会社名や株数などが記載され、裏面に株主の名前と株主となった日付、そちらに対象会社のカンパニー・セクレタリーのサインがされる）、日本の株券発行会社の株式とは異なり、このShare Certificateの占有が第三者対抗要件を満たすことはない。インドの会社法において重要なのは（日本の株券を発行する定めのない会社の場合と同様）株主名簿の書き換えである。したがって、Share Certificateが盗難にあったり、破損・紛失してしまったからといって株主としての地位を失うわけではない。逆に、対価の振込に際してShare Certificateを受け取るだけでは不十分であり、対象会社の株主名簿がきちんと書き換えられているかを確認することが重要になる。

　また、現在インドでは非上場企業の株式であっても、基本的には株式を電子化することが求められて、2024年10月以降は必須となる。電子化された株式は、証券預託機関（Depository Participant）が管理するDemat口座と呼ばれる口座に保管（記録）されることになる。したがって、インド企業の株式の譲受けに際し、買主はあらかじめDemat口座を開設しておく必要がある（インド国内に支店を持つ銀行または証券会社にDemat口座を開設することになる。なお、2024年3月時点において、邦銀の在インド支店ではDemat口座は開設できないため、インドの銀行・証券会社に打診する必要がある）。Demat口座の開設に際しては、口座開設に関する取締役会決議証明書や、取締役個人の本人確認資料（日本語のものである場合、英訳のうえ、アポスティーユ[2]を受ける必要がある）を含むかなり広範な範囲の資料の提出が求められることになるため、十二分に時間を確保し、なるべく早期に手続きに着手することが求められる。

（2）非上場会社の発行新株の取得（増資の引受け）

　インドにおいて第三者割当増資を行う場合、対象会社の取締役会決議に加えて

2　「外国公文書の認証を不要とする条約（略称：認証不要条約）」に基づく付箋（アポスティーユ）による外務省の証明のこと。提出先国はハーグ条約締約国のみで、アポスティーユを取得すると日本にある大使館、領事館の領事認証があるものと同等のものとして、提出先国で使用することができる。

株主総会の特別決議を経る必要がある。日本企業の場合、授権資本枠の範囲であれば、一部の例外を除き取締役会決議で発行ができる点と大きな違いがある。特に上場企業に対して増資を行う場合、上場企業の株主総会を開催するには、基準日の設定・株主の確定・招集通知の送付といった手続きが必要になる。このため、日本企業を相手とする取引に比べて格段に長い時間軸が必要になる点に留意が必要である。なお、授権資本金の枠を超える第三者割当てを行う場合、授権資本金の金額を変更するための株主総会の特別決議が別途必要になる。

(3) 上場会社の株式の取得

インドにおいては、市場での買付、相対での取引、または第三者割当増資いずれによる場合でも、例えば上場企業の議決権保有割合が25％以上となるような取引を行う場合、公開買付を行うことが義務づけられる。その場合のより具体的な要件は次のとおりである。

---

①単独または共同保有者と併せて、取得後の議決権保有割合が25％以上となる取引を行う場合

②すでに単独または共同保有者と併せて25％以上かつ75％未満の議決権を保有している者が一会計事業年度（4月1日から翌年3月31日の間）に5％を超える議決権を取得する場合

③対象会社の支配権（株式の保有、または各種契約等の方法により取締役の過半数を選任する権利または経営もしくは方針決定を支配する権利を含む）を取得する場合

先述のとおり、インドには、プロモーターという概念があり、上場企業においては、3ヵ月ごとに証券取引所に届け出る書類において、自社のプロモーターと一般株主を区分けして株主名・保有株式数・議決権数・株主数等を報告する義務がある。市場参加者にとって、インド企業への投資に際して当該企業がどのプロモーターにどの程度議決権を掌握されているかというのは非常に重要な情報である（会社にとってプロモーターが誰かということはそれだけ大きな意味を持つ）。そのため、上記①から③のようなプロモーターの保有構造に変化が生じるような場合、一般株主に対して退出の機会を提供する必要がある、というのがインド公開買付規制の根本にある発想である。

また、日本の公開買付規制の場合、特定の相手方との取引であっても公開買付

の一部として行う必要があるが（売り手には当該公開買付に応募してもらう必要があり、例えば買い手が取得株式数に上限をつけて公開買付を行う場合など、所有する持分をすべて売り切れない可能性がある）、インドの公開買付規制の場合、相対での取引の実行条件として公開買付を実施するということになる（**図表3－2**）。

　具体的には、買い手Aと売り手Bが相対で取引を行うことを決めたとして、当該取引がインドにおける公開買付を行う義務がある場合、買い手Aは対象会社の株式に対して公開買付を実施し（当該公開買付において、買い手Aと売り手Bの間の株式譲渡契約の内容やその他合意の内容について開示されることになる）、当該公開買付が終了した後に、売り手Bから持分を譲り受けるという形になる。（したがって、売り手Bは公開買付に応募する必要はなく、また公開買付の成否にかかわらず、「公開買付を行う義務（＝一般株主に退出の機会を提供する）」さえ果たせれば両者間で合意した持分の譲渡を実行することが可能になる（よって、売れ残るリスクはない）。他方、買い手Aとしては、売り手Bからの持分の取得に加えて、一般株主に退出の機会を提供するための手続きとしての公開買付を実行する必要があるため、その分買収のための予算を多く用意しなければならなかったり、最終的に取得する持分が「公開買付の結果次第」ということで事前に確定されなかったりといった不便さ・不安定さが生じる。取引スキームの構築に際しては、これら規制上の制約を十分に加味して計画していく必要がある。

図表3－2：日本とインドの公開買付の違い

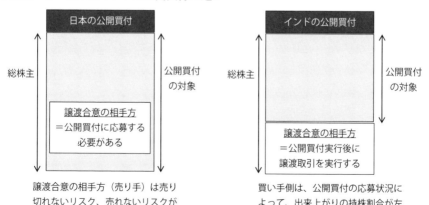

図表3-3：上場子会社を持つ上場企業の買収

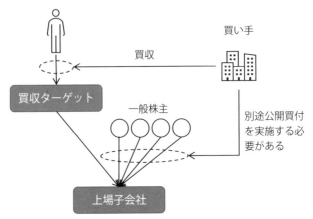

またインドでは、直接の対象企業が非上場企業であっても、当該取引の結果間接的に上場企業の支配権を取得するような取引を行う場合（上場会社を子会社に持つ、非上場企業を買収するケースなど）にも、当該上場子会社に対して公開買付を実施する必要があるという点に留意が必要である。

例えば、上場子会社を持つ上場企業を買収する場合、上場している親会社を買収する際には、当該上場親会社に対してだけではなく、上場子会社に対しても公開買付を行う必要があるということになる（**図表3-3**）。見逃してしまいがちな論点なので十分な留意が必要となる。

3 事業の取得：事業譲渡（スランプセールス）

対象会社の株式を取得し、支配権を獲得する以外にも、対象会社の一部または全部の事業を取得する取引も選択肢として取り得る。インドにおける事業譲渡には、当事者の合意による事業譲渡（slump sale by private agreement、私的事業譲渡）と、国家会社法審判所の許可を必要とするスキーム・オブ・アレンジメントによる方法の2通りがあるが、実際によく使用されるslump sale（私的事業譲渡）について解説をする。

slump saleを用いた事業買収のやり方としては、買い手企業側が支配下にインド法人をすでに有している場合で、かつ対象会社の一部の事業のみを取得する場

図表3-4：私的事業譲渡の手法

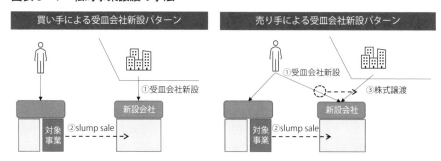

合が一般的であるが、例えば買い手企業が新たにインド法人を新設し、当該新設法人が対象事業をslump saleの形で取得するやり方や、売り手にインド法人を新設させたうえで対象事業をslump saleで移し、そのうえで新設法人の株式を譲渡させるといったやり方も取り得る（**図表3-4**）。

slump saleの実行に際しては、当該事業譲渡に関して対象会社の取締役会での承認を経たうえで、株主総会特別決議による承認が必要となる。なお、slump saleによる譲渡対象事業の権利義務および契約上の地位の承継の効果をそのまま引き継ぐことはできないため、契約の相手方の承認が必要になる。また、許認可なども自動では引き継がれないため、再取得が必要となる。

このように日本における事業譲渡に比べて必ずしも使い勝手はよくないものの、逆に承継する権利・義務を契約書面上特定するため、例えば対象会社が潜在的な債務を抱えているような場合には検討に値する手法といえる。ただし、例えば対象会社が税務訴訟などを抱えているような場合で、対象会社が税金の支払いに関して債務不履行を起こした場合など、当該事業譲渡の効果が取り消される可能性もあり、slump saleによって買収した事業が完全に対象会社と隔離されるわけではないという点には留意が必要である。十二分に法務・税務アドバイザーと協議し、リスクを理解したうえでスキームを採用する必要がある。

また、slump saleを行ううえで重要なのが、"business undertaking" を一体のものとして移転させなければいけないという点である。すなわち、対象となる事業に帰属する資産・負債のうち、一部のみを移転させる場合は、slump Saleとはならない。この場合、当該移転される資産・負債を個別に譲渡したものであるとされ、当該譲渡資産額に対して物品・サービス税（Goods and Service Tax: GST）

が課されることになる。slump saleの実行に際しては、譲渡対象となるものが事業全体であり、個別資産の譲渡とみなされないように留意が必要となる。

4 組織再編

インドにおける組織再編に関しては、前出の国家会社法審判所の許可を必要とするスキーム・オブ・アレンジメントによる事業譲渡の他、合併（amalgamation）および会社分割（demerger）がある。日本企業が関与するインドにおけるM&A取引で採用されるケースとして想定されるのは、例えば対象会社のうち不要な一部事業を会社分割で切り出したうえで、必要な事業のみが残った対象会社の株式を取得するといったケースである。

取締役会決議、株主総会の特別決議に加えて、国家会社法審判所の許可を必要とするため、取引の完了までにかなりの時間を要するが、前出のslump sale（私的事業譲渡）がそぐわない場合などに採用を検討することも考えられる。

第 **4** 章

インドM&A実務遂行上の留意点

この章では、インドM&Aを遂行するうえでしばしば問題になる諸観点について、筆者の経験談を踏まえてまとめている。インド企業とのM&A交渉に際してぜひご一読いただきたい。

1 インド固有の事情を盾にした交渉

　第1章4節（4）で説明したとおり、外為規制上、インド国内の売り手から株式を買い取るときは「公正価格」より高く、売る際は「公正価格」より安く売る必要がある。上場企業の場合は過去株価を参照するため、交渉の余地はほとんどない。他方、非上場企業の場合、「公正価格」は専門家の算定による必要がある。

　この規制を盾に、インド企業のプロモーターが「これ以下の価格では売りたくても売れない（規制上、仕方がない）」という交渉をしてくる場合がままある。インドでの手続きとして、海外居住者がインド企業の株式を取得する際は、インド中央銀行（RBI）宛に取引内容の報告書提出が求められ、この報告書に専門家が算定した株式価値の評価書を添付することが求められる。どういうことかというと、契約上合意・実行した譲渡価格よりも専門家が算定した「公正価格」が低いことをもって、当該規制に適法に服していることを確認する流れになることだ。

　実務上は、買い手・売り手両者間で合意された価格に価値算定結果を誘導するのが慣行である（将来予想キャッシュフローを現在価値に割引計算して企業価値の算定を行うディスカウンテッド・キャッシュフロー方式が主要な算定方式として使われることが多いため、両当事者に異存がなければ一定程度、出来上がりの算定結果を動かすことは容易にできる）。したがって、余程理不尽な値付けでない限り、当該規制の存在が交渉上問題になることはほぼない。このような「インド固有の事情を盾にした交渉」は他の局面でも多くみられる。「こういう決まりがあるのでやむを得ない」という枕詞がついた交渉については、「本当にそうなのか？」をしっかりと確認する必要がある。

2 外為規制と取引のストラクチャリング

（1）法的に実効性のある条項かどうか

　前述のとおり、インド国内からインド国外への資金の持ち出しは一定のハードルがある。例えば、株式譲渡契約等に記載の損害賠償の実施に際して、RBIの事前承認が必要となることなどがあげられる。2016年に規制が一部緩和され、株式譲渡等の対価の25％を上限として、また株式譲渡の対価の全額が支払われて

から18ヵ月以内であれば、売り手がRBIの事前承認を必要とせず損害賠償を実施できるようになった。上限の25％はともかく、18ヵ月以内という期間は実務的な感覚として非常に短く、引き続き買い手には不利な状況が続いている。

　一般的に、株式譲渡契約等においては、損害賠償条項を記載することが行われている。売主による表明保証（会社に関する財務や法務に関する一定の事実が真実かつ正確であることを表明し、その内容を保証する）を前提に譲渡価格や取引条件が決まるという建付けであり、万が一当該表明保証に誤りがあって買い手に損害が生じた場合、売り手は買い手に対して当該損害を賠償するという流れになる。このように、M&Aにおいてはごく一般的な条項であっても、その実行に際して中央銀行の許認可が必要となるとハードルは格段に高くなる。

　アドバイザーのサポートを得つつ各条項の意味合を整理しながら契約交渉を進めていくことになるが、その際、各条項に定められたアクションを実行する際に「何らの障害もなく実行できる」項目なのか、「相手方の一定の協力のもと実行できる」項目なのか、「そもそも規制や法令との関係上実効性を持たない」項目なのか、適切に整理しておく必要がある。

（2）利回り確定のプットオプション：貸付とみなされる

　出資持分を対象会社やその他株主に売りつける権利（いわゆるプットオプション）を設定するケースである。特に少数持分を出資する場合、少数株主となる出資企業を保護する目的でプットオプション（持分を売却することを出資企業の権利とし、当該持分を買い取ることを対象会社や大株主の義務にする）を設定することは多い。インドの外為規制との関係で、将来当該プットオプションを行使する場合の価格を出資企業にとって利回りが確定するような形で決めてしまうと問題が生じる。

　例えば、「出資の際の価格に年利10％を上乗せした価格」という条件はもちろん、「出資の際の価格を下回らない」という利回りゼロの価格設定であっても、インドの外為規制上、貸付に類似した取引であるとみなされ、ECB規制の対象となってしまう（したがって、当該出資の資金使途に制限が生じたり、プットオプションの行使が可能になるまでに長期間が必要になるなど、プットオプションとしての有効性が著しく低下することになる）。

　その他、M&Aの世界ではごく一般的に用いられる譲渡対価の延払いやアーン

アウトに関しても規制が存在する。譲渡対価の延払いとは、買収の対価を一度に支払うのではなく、残額を一定の期間経過後（売り手が経営陣の一角を占める場合、一定期間の引き留め効果が生じる）や、特定の条件をクリアした場合（例えば、特定の許認可の取得や計画していた売上高や利益を実現した場合等）に支払う、というものである。「ちゃんと一定期間継続勤務してもらえるか不安がある買い手」と、「辞めるつもりがない売り手（＝経営陣）」の間や、「きちんと特定許認可が取得できるかわからない不安がある買い手」と「適切な段取りを踏んでおり、時間の問題で許認可が下りることを知っている売り手」との間、「計画されている売上高・利益が本当に実現するのかわからない買い手」と「計画を上回って受注できており、問題なく計画された売上高・利益を実現できることを確信している売り手」の間など、買い手・売り手との間で重要な論点について認識の相違があり、価格条件が折り合わないなどの場合のギャップを調整する手段としてよく使われる仕組みである（買い手はその不安が払しょくされた後に延払い分を支払う。売り手は手元に資金が入るのが遅れはするが、最終的には買収対価を手に入れることができる。**図表 4 - 1** 参照）。

　インド企業に関連するM&A取引の場合、以前はインド居住者を売り手、インド非居住者を買い手とする株式譲渡についての譲渡対価は一括でクロージング日に支払われる必要があり、一部を後払いとすることや譲渡対価の事後調整等は原則禁止、これを行う場合はRBIの事前承認が必要とされていた。また、エスクロー口座（一定の条件を満たさないと対価の一部を売り手が引き出せない口座）の利用にも制限が定められていた。RBIの事前承認が得られる確証はないので、そもそも実務上、一部延払いや譲渡対価の事後調整、エスクロー口座の利用等はほとんど行われていなかった。このことは一見、インド居住者（多くの場合、売り手）を保護しているように見えるが、買い手・売り手の間の認識相違を埋める手段が実質的に機能していないことから、売り手が不利な条件を呑まざるを得なかったり取引そのものが成立しなかったりといった悪影響を生んでいた実態がある。

　2016年にこの規制が一部緩和された。延払いの対象は対価全体の25％を上限とし、延払いの期間も譲渡契約の締結から18ヵ月の範囲内であればRBIの事前承認を必要としない、というものである。延払いが許容される範囲が限定的であり、また短期間に留まるため、引き続き使い勝手は非常に悪かった。このように、世

図表4-1：譲渡対価の延払いの例

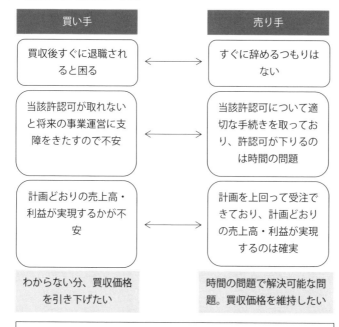

買い手	売り手
買収後すぐに退職されると困る	すぐに辞めるつもりはない
当該許認可が取れないと将来の事業運営に支障をきたすので不安	当該許認可について適切な手続きを取っており、許認可が下りるのは時間の問題
計画どおりの売上高・利益が実現するかが不安	計画を上回って受注できており、計画どおりの売上高・利益が実現するのは確実
わからない分、買収価格を引き下げたい	時間の問題で解決可能な問題。買収価格を維持したい

ギャップを埋める手段としての「延払い」
＝対価の一部を、特定の条件を充足した後に支払う
（例えば、当初全体の80％を支払い、特定の条件が充足した場合に
残りの20％を支払うなど）

界でのM&A取引においてごく一般的に行われる譲渡対価の支払いを遅らせる、譲渡対価を調整するというストラクチャーは、インド企業を相手としたM&A取引の検討・実行に際しては、何ができて何ができないかを慎重に確認することが必要になる。

（3）非居住者が売り手の場合、買い手が源泉納付義務を負う

インドのプライベート・エクイティ・ファンドやベンチャーキャピタルは、インド企業に対する投資を海外から行っているケースがままある。例えば、モーリシャスやキプロス、シンガポールなど、比較的現地でのキャピタルゲイン税が低率の国が投資元としてよく使われる。

このようにインド非居住者が売り手となる場合、前述の価格規制の適用を受けないというメリットはあるものの、他方、買い手として留意が必要なのが、当該売り手が納付すべきキャピタルゲイン税を買い手が源泉納付する必要があるという点である。具体的には買収の対価が100だとした場合、売り手の課税標準（例えば20で取得したとする）と適用を受けるキャピタルゲイン税率（例えば20％とする）を確認し、「100－20＝80のキャピタルゲイン」に対して20％の税率を掛けた16を買い手が源泉納付する必要があるということだ。より具体的には100で合意した対価のうち、100から16を差し引いた84を売り手口座に振り込み、16はインドの税務当局に納付するということになる。

　この源泉納付義務を怠ると、インドの税務当局は買い手に対して納税するように迫ってくる。納税義務者は買い手なので、このインド税務当局の要請は正当なものであり、拒むことはできない。前出の例の場合で納税義務を失念し、売り手に総額100を支払ってしまっていると、後から16を取り戻すのは大変な労力を要することになる。

　例えば、売り手がプライベート・エクイティ・ファンドであった場合、すでに当該売却対価を投資家に戻してしまっていたりすると絶望的である。売り手がキャピタルゲイン税の支払いを承知している場合、多くの問題は生じないが、かつて大きな問題となった（そして今日でも多少の影響が残っている）のが、「キャピタルゲイン税がゼロ」だと考える非居住者売り手と、「インドの税務当局がどのようなチャレンジをしてくるかわからない」と考える買い手で立場が異なる場合である。

　現在では撤廃されたが、以前モーリシャスとインドの間では租税条約が存在し、モーリシャスからの投資に関してインドではキャピタルゲイン税を課さないという合意が存在した。そのため、多くのプライベート・エクイティ・ファンドなどの金融投資家はモーリシャスに設立した子会社を経由してインド企業に投資することが多かった。買収交渉が大詰めを迎えた段階で、売り手である金融投資家が当該租税条約の適用を受けられるかどうかが売り手と買い手の間で大きな議論になる。売り手の立場としては、当然にキャピタルゲイン税はゼロ、したがって買い手に源泉の必要はなく、100で合意した対価の全額を受け取りたいと希望する。他方買い手は、当該売り手の投資が、モーリシャスとインドの租税条約の適用を「適切に」受けるかどうかを確認したいということになる。

インドの税務当局は非常にアグレッシブで有名である。話がやや脇道にそれるが、インド企業の多くは税務当局との間で税務に関する訴訟を複数抱えている。インド税務当局の姿勢は（言葉を選ばずにいえば）「取れるところから取り立てる」というものであり、とりあえず解釈が分かれる可能性がある場合、税金を取り立てようとチャレンジしてくる傾向にある。当該チャレンジには理不尽なものも多く、税務に関する訴訟においてインド税務当局が敗訴する例は非常に多いと聞く。

話を戻すと、このようなインド税務当局の姿勢がある中、買い手としてはインド税務当局のチャレンジを受けるかもしれないリスクを回避したいという考えをごく当然に持ち、買収対価を支払う条件として「インド税務当局からの、当該キャピタルゲイン税がゼロであることの証明書」や、「インド税務当局からの、当該投資には租税条約が適用されるという証明書」の提出を求めたくなる。実務的にそのような証明書を得られることはないので、売り手との間で堂々めぐりの議論が繰り広げられるということになる。

2017年に当該租税条約が改正され、モーリシャスからの投資についてもインドでキャピタルゲイン税が課されることになり、買い手は売り手に抗弁されることなくキャピタルゲイン税相当を源泉して対価を支払うということになったため、上記堂々めぐりの議論は随分減ることとなったが、2017年の租税条約改正以前に実行された投資については引き続き租税条約が有効とされるため、プライベート・エクイティ・ファンドなどが投資した時期によってはこの議論が必要となる点に留意が必要である（ある程度売り手側でもプラクティスがこなれており、どのように買い手に安心して支払ってもらえるか、売り手側で配慮した契約文言を提案されることが多い。適切にリスクを見極め、適切に専門家のアドバイスを受けながら交渉を進めることが肝要である）。

3 その他の留意点

（1）「プロモーター」のマインドセットと交渉上の留意点

とかくM&Aの世界では、「いくらで買うか」「いくらで売るか」が注目されがちである。他方、インドにおけるM&A取引においては（全世界共通かもしれないが）、特に創業者・創業家ファミリーという文脈でのプロモーターが交渉の相

手方である場合、経済的価値以外に「譲れない」条件があることがままある。

　手塩にかけて育てた事業、または祖父が創業し今自分が経営の責を担っている企業を売却するという局面において、金額と同じぐらい大切なのは「世間」「業界内」「親族内」での見え方であるというのが筆者の経験だ（端的に言えば「面子」の問題）。幸いなことに、日本や日本企業に対するインド世間一般の見方は好意的なものであるため、事業売却の相手が日本企業であるということは比較的ポジティブに捉えられているようだ。それでもなお、買い手である日本企業は札束で頬を叩くような交渉をすべきではなく、売り手にとって重要な面子とは一体何かを真摯に考え、条件交渉に臨むことが肝要である。

　例えば、とある日本企業とインド企業の合弁会社の解消案件（当該合弁会社が役割を終えたので、インド側のパートナーの持分を日本企業が買い取り100％子会社化し、合弁関係を終了させる）で議論になったのが、売り手であるインド人プロモーターが、インドにおける業界団体の顔役であったという点である。日本企業にとってインドにおける当該事業は重要であるが、次第にインド企業との合弁であることが重荷となってきたタイミングでの「退出要求」であったため、なるべくプロモーターの機嫌を損ねず買取をしたいという考えがあった。

　これまで彼は、業界団体において、「日本企業とのインドにおける合弁事業を任されている業界の重鎮」として各種会合に出席したり、講演活動を行ったりしており、交渉の合間の休憩時間などにしばしばそれがいかに誇らしいか（そして当該日本企業のインドにおける知名度を高めるために貢献してきたか）を話していた。紆余曲折あり、買取交渉の最終局面になってかのプロモーターは交渉条件を不服として、取引の中断も辞さないということを言ってきた。

　このような場合、「ではいくら買収価格を引き上げれば満足か？」という交渉になりがちであるが、結局合意に至ったのは、「合弁持分の売却後も、一定期間は当該企業の“名誉職”を務め、各種業界団体の会合には出席いただく」という彼の意向を引き出し、それを認めたことが大きい（会社がメンバーシップを持つ会員制施設を引き続き使用できるという取り決めも追加された）。

　他の事例では、著名企業のプロモーター・ファミリーが地元の名家とされるファミリーで、交渉の相方は現在の経営執行を担う第3世代（創業家の孫の代）という状況があった。この事案では、インド国内では「買収された」というプレスを行わないというのが条件の1つとなった。実際には日本企業が発行済株

式数の過半を買収するという案件だったので、インド側にとっては「売却」にほかならないのだが、創業3代目として受け継いだ自分が「売り抜けた」というような評判が立つことを避けたいという思惑だったと理解している。この案件では、インドにおける文書においては、「合弁の設立」という表現を使うこととした（買収後の会社は、日本企業とプロモーターが株主となるので、「合弁会社を設立した」という言い方は誤りではない）。

　昨今、日本で非常に大きなトレンドとなっている「事業承継M&A」も同じような論点があるのではないかと思うが、やはり世間一般、業界内、そして親族にどのように映るかを気にしない売り手はいないというのは万国共通かもしれない。いずれにしてもM&A取引を成功裏に成約させるためには、常に意識しておくべき重要な論点である。

（2）複数企業にまたがる事業運営

　伝統的なインド企業グループは、多くの場合プロモーターとその親族を頂点とするピラミッド構造になっている。多くの日本企業はこのような創業者・創業家個人を頂点とするグループ構造よりも、緩やかなグループ関係（旧財閥）や持株会社を頂点とするグループ構造により親しみを持っているため、デューディリジェンスの際に盲点が生じがちである。

　例えば、今回プロモーターA氏とその家族が100％持分を保有するB社を買収することを企図している場合をイメージする（**図表4-2**）。プロモーターA氏は、今回のターゲットB社の他にも、もともとの祖業であるC社、その他最近立ち上げたD社などを保有しているとする。プロモーターA氏にしてみると、B社、C社、D社どの法人にどの経営資源が配置されているかに関心はない。他方、B社を買収しようとしている立場からすると、B社の事業運営に必要な資源が、B社によってきちんと保有されているかどうかは、重大な関心事項である。例えば、B社の工場がC社が所有している土地の上に建設されているという例であればわかりやすいものの、実は財務を統括する役割の人員が、C社の従業員でありながらB社とD社の経理・財務も見ている、B社がベンダーと結んでいるソフトウェアのライセンスをC社・D社も使っている、オンサイトのサーバーが3社共有である、といった一見わかりづらい「経営資源の共有」はしばしば存在する。

　このような事態が「あり得るのでは？」ということを念頭においてデューディ

図表4-2：複数企業にまたがる事業運営

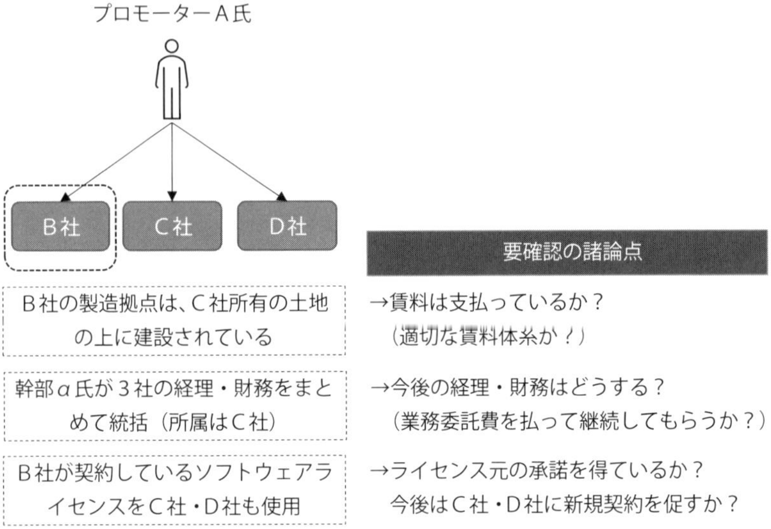

プロモーターA氏

```
         B社    C社    D社
```

	要確認の諸論点
B社の製造拠点は、C社所有の土地の上に建設されている	→賃料は支払っているか？ （適切な賃料体糸か？）
幹部α氏が3社の経理・財務をまとめて統括（所属はC社）	→今後の経理・財務はどうする？ （業務委託費を払って継続してもらうか？）
B社が契約しているソフトウェアライセンスをC社・D社も使用	→ライセンス元の承諾を得ているか？ 今後はC社・D社に新規契約を促すか？

リジェンス（DD）を実施する（具体的にはDDを実施する専門家にそのあたりも確認するように指示をする）ことが非常に重要になる。ある企業の一事業部門のみを買収しようとする場合、同様の問題が（当然のものとして）存在し、「スタンドアローン問題」と呼称され、DDや買収後の統合作業において重要な論点とされる。

インド企業の場合、各法人ではなく、あるプロモーターを頂点とする企業群全体があたかも1つの組織であるかのように運営されていることがしばしばあると理解し、独立した法人の買収であってもこの「スタンドアローン問題」がないかどうかを確認することが極めて重要となる。

(3) グループ会社との取引関係

このような企業グループの成り立ちを前提とする場合、もう1点留意が必要なのが、グループ会社間の取引関係である。仕入れや販売といった取引であれば（対価が適切であれば）買収後も特段問題は生じにくいものの、土地や建物の一部賃貸借や、場合によってはプロモーターA氏が保有するグループ会社がコンサルティングや経営指導料などの名目で対象会社から資金を吸い上げるような取引

がないか、もしくは現預金が潤沢な対象会社がグループ会社に対して貸付をしている事実がないかといった点はしっかり見ておく必要がある（特にグループ間での資金融通やその際の金利の支払いを省略するなどの目的で、グループ会社に対する「前払金」勘定を使って資金の移動がなされている事例は多く存在する）。

　このような、買収の対象会社を軸としてグループ間の資金の動きがないかを明らかにし、今後は実施しない／明確な契約のもとで実施するといった正常化が重要なのはもちろんであるが、この正常化の手続きにともない、税務上の論点が生じないかどうかは税務アドバイザーとも確認していく必要がある。

（4）バックグラウンドチェックの重要性とその対象

　多くのインド企業は、創業者・創業家を頂点とするグループ構造を持っている。有力かつ事業意欲旺盛であるプロモーターであればあるほど、複数の企業で複数の事業を営んでいる。例えば**図表4-3**のような資本構成のB社に出資、またはB社の買収を検討している状況を想定する。一般的にデューディリジェンスを実施する対象はB社および取引の対象となるB社の株式の保有関係にフォーカスが当てられることになる。ただし、例えばこのB社のプロモーターA氏がB社のほかに出資しているC社・D社があり、D社が外国企業E社との合弁事業を営んでいて、かつA氏とE社の関係が悪化している状況があったとしても、一般的な

図表4-3：バックグラウンドチェックの対象企業

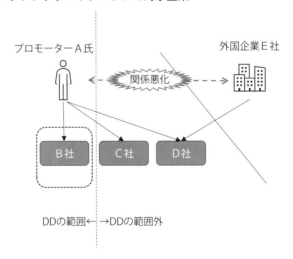

デューディリジェンスでその事実を検出することは極めて難しい。

　仮に当該関係の悪化が訴訟に発展していて、その被告がプロモーターA氏であったとすれば、法務デューディリジェンスにおいて売主であるプロモーターA氏に関する訴訟の状況といった形で状況を把握することができるかもしれないが、多くの場合、法務デューディリジェンスの関心の対象は、B社が原告・または被告となっている訴訟の有無やその内容ということになる。

　このように、プロモーターが企業に及ぼす影響の大きさを考えると、特にインド企業への出資、インド企業の買収に際してはプロモーター本人およびその周囲の人間・関係会社に関する各種訴訟の有無、処分・規制・制裁などの記録の有無や、業界紙などのメディアにおけるネガティブな記載の有無の確認、より踏み込むと業界関係者への評判のヒアリングといった内容の調査の重要性は非常に高い（「バックグラウンドチェック」という呼称でコンサルティング会社や調査会社・会計事務所等がサービスを提供している）。このバックグラウンドチェックは一般的なデューディリジェンスとは異なり、対象となる会社や個人に伝えることなく実行することになる。出資または買収に際してかけられる予算にももちろんよるが、何らかの形でこのようなバックグラウンドチェックを行っておくことが推奨される。

（5）ドライバーズシート問題

　インドに初めて進出する日本企業は、「現地の市場環境を熟知している」「取引先や関連当局、規制当局との関係性を有している」「インド労働者の管理はできない」といった観点から100％持分を買収するのではなく、プロモーターに一部持分を継続保有してもらうパターンが多い。このこと自体は悪いことではないと考えるが、気をつけたいのは、インドの元プロモーターとのコミュニケーションの取り方だ。

　「市場環境、取引先、関連当局・規制当局、従業員」との関係を熟知している元プロモーターに対して「当該事業はあなたに任せます」と伝える場合、日本側の要請としては、「適切適時に報告を上げてもらうことを前提に」という意味合いを含むはずだ。他方のインド側の元プロモーターは、「任せる」と言われたからには、「運転席に座っているのは私だ。もちろん、ゴール地点にはきちんと届けるが、その間どのような経路を取ろうと、どれぐらいのスピードで運転しよう

と口を出されるいわれはない」という認識の仕方をする。乗りなれた愛車である。当然、取引実行前と同じく自分のペースで思いどおりにドライブしていくことになる。

　大雑把にいって、日本は成熟した市場の中、爆発的な成長は見込めない＝売上高の増加は見込めない状況であり、その中で利益を上げるために必要なことは、（生産などの）プロセスの効率化や仕入れの見直し、コストの削減などが中心となる。そのうえで、いかに資金回収を早期に実現できるかというのが財務運営上の主眼となる。別の言い方をすれば、プロセスの効率化やコスト削減はある程度自身のコントロールが効く範囲であるともいえる。他方のインドは広がっていく市場の流れをいかにつかむかが重要であり、資金回収はおろか利益の計上はいったん置いておいて、拡大していく市場をいかにつかむかが財務運営上も最大の関心事となる。売上高の拡大は市場次第、顧客次第ということでもあり、別の言い方をすれば、自身のコントロールが効きづらいということになる。

　このような経済環境の違いもあり、日本企業側の関心がもっぱら「プロセス」に向かいがちなのに比べて、インド企業（インド企業人）側の関心はもっぱら「結果」に向かいがちである。

　冒頭の「ドライバーズシート問題」に戻る。とある日本企業と合弁事業を営むインド人経営者から聞かされた話だ。どういう内容かというと、「この会社を立ち上げるとき、日本企業側からは、『あなたに任せた』と言われた。だから、運転席に座った私は、懸命に努力をしてきた。もちろんうまくいくこともあるし、うまくいかないこともある。それなのに、助手席に座った日本からの駐在員は、やれスピードを出しすぎるな、右へ曲がれ、左へ曲がれ、今どうなっているのか報告を上げろとうるさくて仕方がない。報告を上げると何かいいことがあるのか？　運転しているのは私であり、現在何が起きているのかは私さえ理解していればそれでいいはずだ。なぜならこの会社の経営は私に『任されている』からだ」。

　その話を聞かされて、筆者はうーんと腕を組んで天を仰がざるを得なかった。文句のない結果が出ていさえすれば、当該インド人経営者の言い分に日本企業側はぐうの音も出ないはずだ。ところが、日本企業側は現状に不満を抱えている。結果が計画どおり・満足に実現されていないうえに、なぜそうなっているのか、状況改善のために約束された各施策が現在どのようなステータスにあるのかが

さっぱり伝わってこないからだ。状況把握のために送り込まれた駐在員のほうは、両者の板挟みとなり、元気がどんどん奪われていく…。

やはり、ボタンの掛け違いは当初のコミュニケーションにあるように思う。市場環境（成熟市場vs.成長市場）や関心のありどころ（プロセスvs.結果）の違いを踏まえて、「ゴール地点がどこにあるか」の設定、「あなたに任せる」という言葉の意味をしっかりと因数分解し、お互いとことん納得がいくまでコミュニケーションを取るというプロセスが必要だったのではないか。「言わなくてもわかるだろう」というのは、ハイコンテクストなコミュニケーションスタイルを取る日本企業の「悪い癖」と自覚することが重要であると改めて考える。

(6) ガバナンスレベルの見極めのポイント：カンパニー・セクレタリーの人柄・能力

M&Aを経て株主となる日本企業にとって理想的なのは、月ごと、四半期ごとに適切に事業の状況が報告され、かつその内容が計画どおりまたは計画を上回っている状態であることだ（むしろ、それが当然と考える企業経営者・企業幹部は多い）。前出のとおり、創業者・創業家という意味合いでのプロモーター中心文化のインド企業を買収してこれを期待するのはかなり難しい。なぜなら、現場で起きていることを数字に落とし「株主」に伝達することを、プロモーター中心文化のインド企業では予定していないからだ（必要がないので行わない）。

逆の意味では、このような月ごと、四半期ごとに経営数値をまとめて報告することが組織設計上出来上がっている会社、例えば高度に組織化された大企業グループの子会社であったり、プライベート・エクイティ・ファンドが100％買収し、プロフェッショナル経営者が経営にあたっている企業（経営数値のタイムリーな報告が最低条件、高いパフォーマンスを上げることは当該プロフェッショナル経営者の報酬に直結する）であったり、はたまた成長のための燃料としての資本金を継続的に外部から調達し続ける必要があるスタートアップ企業（前出のとおり、スタートアップ企業の創業者は自らを「プロモーター」ではなく「ファウンダー」と呼称する）であったりを買収ターゲットにできれば理想的である。

もちろん、M&Aの主目的は事業の自社グループ内への取り込みであり、報告の仕組みの取り込みではない。ただでさえ、「千三つ（千に三つぐらいしか話がまとまらない）」といわれるM&A取引の検討・実施に際して、報告の仕組みが出

来上がっている会社のみをターゲットにするのは効率が悪すぎる。何とかして、買収前にガバナンスの水準（成熟度合い）を見極めて、買収後の統合作業の参考にしたい。

それでは、どうやってガバナンスの水準を見極めるか。最も有効なやり方は、カンパニー・セクレタリーの人柄や能力を見極めることにあると筆者は考える。カンパニー・セクレタリーとは、英国系の法体系のもとでは一般的であるが、いわゆるコンプライアンス関連の取りまとめを担う役割を指す。インドでは国家資格を取得した者のみがこの役職に就くことができ、また一定規模以上の企業では専担者を置くことが義務づけられている。

カンパニー・セクレタリーは取締役会議事録や株主総会議事録などの作成・管理に加えて、対外的な契約書類の締結や管理なども行う。創業者・創業家という意味合いのプロモーター支配の色彩の強い企業において、カンパニー・セクレタリーが果たす役割は、いわばサイロ状になった各企業の機能（製造、販売、財務、労務など）からプロモーターに直接上がってくる報告内容を取りまとめ、咀嚼し、プロモーターに再報告するというものである。このカンパニー・セクレタリーの人柄が良く誠実で能力が高い会社は、社内での報告の仕組みが組織化されていなくても、何とか俗人的に情報が取りまとめられ一元化されているといえる。

デューディリジェンスにおいて、買い手企業が起用する専門家（弁護士や会計士・税理士）はさまざまな経営管理資料や財務数値に関する情報・分析を要請するが、多くの場合これを一括して請け負うのがカンパニー・セクレタリーである。デューディリジェンスに際して、単に専門家が取りまとめたレポートを読むだけではなく、そのプロセスに深く関与しているカンパニー・セクレタリーの人柄と能力を見極めることをぜひお勧めしたい。

他方、それだけプロモーターとカンパニー・セクレタリーの関係は密接であることが多いため、買収後において元プロモーターとの関係が悪化してしまったような場合、従前からのカンパニー・セクレタリーを続投させていることが日本企業側に不利に働く可能性もある。日本企業側が議決権の過半を取得し、元プロモーター側がマイノリティとなる取引の場合、少数株主となる元プロモーター側に一定の拒否権事項を付与するケースがあるが、元プロモーター側としては日本企業側に対する牽制やお目付け役、いざというときの情報収集機能という観点で、配下のカンパニー・セクレタリーの続投を強く求めてくるケースが非常に多い。

優秀なカンパニー・セクレタリーであればこの条件を受け入れるのはやぶさかではないが、過半株主たるもの、（将来何かがあった場合）独自の権限でカンパニー・セクレタリーを入れ替える権利は確保しておきたい（カンパニー・セクレタリーの選解任は株主総会の普通決議事項なので、元プロモーター側にカンパニー・セクレタリーの選解任について拒否権事項を与えないことが重要になる）。

（7）専門家の選定とそのポイント

　M&Aを推進するに際して、外部専門家のサポートを得ることは必要不可欠だ。フィナンシャル・アドバイザー、弁護士、会計士・税理士などがその中心となる。専門家の選定に際しては、特にローカルルールと業界慣行についても正しく説明できる専門家を選定する必要がある。そうしないと、リスクを過大認識・過少認識してしまうリスクがあるためだ。具体的な例では、不動産の賃貸借契約の登記があげられる。

　インドにおいて、不動産賃貸借契約を締結する場合、当該不動産賃貸借契約を両者間で締結することに加えて、印紙税を支払い、登記をするというのが正式な手続きとなる。この手続きを行わない状況で、かつ不動産オーナーが悪質だった場合、同じ物件を善意の第三者に二重に賃借することが理論上生じ得る。そして当該善意の第三者が賃貸借契約を登記し、その正当性を主張した場合、もともとの借り手（登記をしていない）は物件から出ていかざるを得ない。不動産オーナーとの間できちんと賃貸借契約を締結し、家賃も納付しているにもかかわらずである。

　他方、実務慣行上インドにおける不動産賃貸借契約の多くは（すべてとはいわないが）この登記の手間と印紙税の納付を避けるため、両者間の契約は締結しても登記を行っていないことが多い。そのため法務デューディリジェンスを行うと必ずといってよいほどこの問題が論点としてあげられる。教科書どおりにいえば悪質な不動産オーナーが善意の第三者と重複して不動産賃貸借契約を締結すると追い出される場合があることがリスクとしてあげられることになる。

　それでは、このコンプライアンス未充足があることを理由に、①M&A取引を断念する必要はあるのだろうか？、それとも②当該未充足を治癒することを株式譲渡契約を締結する要件とするのが良いか？、③取引のクロージング条件（当該治癒がなされて初めて資金決済・取引をクローズする）とするのが良いか？、は

たまた④クロージング後に解決する事項とするのが良いか？

　現実的に、当該コンプライアンス未充足の治癒にはかなりの手間がかかる。具体的には、不動産賃貸借契約を締結してから一定期間が経過すると登記ができないため、不動産オーナーと協議のうえ、既存契約を破棄して新規に契約を締結し、印紙税を納付したうえで登記をするという段取りが必要になる。単にリスクの指摘だけではなく、このようなリスクの見極めと対処方法を適切に行える専門家を起用することにしたい（事業運営上非常に重要な物件に関する不動産賃貸借契約であり、かつ不動産オーナーとの間で何らかの紛争が起きている・紛争の兆しがあるといった場合を除き、筆者としては④のカテゴリーで良いと考える）。

　また、以前にも述べたが、インドの税務当局はアグレッシブな徴税姿勢で知られる。とはいえ、上記不動産賃貸借契約の例と同じく、教科書どおりにいえばNGだが、その解決・治癒は後回しとしても取り得るリスクであるという事項がまま存在する。インドの場合、法令文書やその読み下し通達を読むだけでは白黒つけがたい（＝逆にいえば、当局の裁量の余地を多く残しているという言い方もできる）ことが多く存在するため、専門家も特に保守的な見解を取りがちである。

　これは、リスクを過小評価すると、結局クライアントに迷惑をかける可能性があるので回避するという思想に基づくものであり、歓迎される姿勢ではあるものの、適切にコミュニケーションをとり、具体的なリスクの所在、リスク権限の可能性や過去における事例などをもとに、リスクの程度と対処方法のカテゴリー分け（上記①～④）に協力してくれる専門家を起用することをお勧めする。専門家によるリスクの指摘がかなり保守的なものであるという想定のもと、より深く内容を吟味・理解・対処することが必要になる。

（8）膨大なドキュメンテーションへの対応：インド特有の思想を理解してクロージングに備える

　日本と異なるインドの法的慣習で、M&A取引において特に重要になるのが取締役の執行権限である。日本の場合、取締役会が選任した代表取締役が対外的な執行権限を有する（したがって、契約書類には代表取締役名を記し、実印を押印することで有効になる）。他方インド法において、執行権限を持つのはあくまで取締役会である。もちろん、マネージング・ディレクターという代表取締役に類似するような概念は存在するが、例えば契約書類の締結に際しては「取締役会で

当該契約を締結すること」の決議と、「誰にその契約書へのサイン権限を付与するか」の決議が必要になる。したがって、当該決議事項が適法に決議されたことを証明する文書（議決証明書。当該取締役会が開催された日時を特定し、決議内容を記載し、その内容を取引の相手方に対して証明する、という内容）を相手方に提出することが契約締結とセットになる。

　M&A取引の契約書締結の際、取引の相手方から、買い手となる日本企業の議決証明書の提出を求められることもある。最終的な契約書締結のタイミングと取締役会開催のタイミングが合わないことはままあるため、多くの場合には、ある取締役会で大枠の内容について承認し、その範囲で以降の調整・交渉・最終化する権限をプロジェクトリーダーやM&A取引の責任者に委譲するというやり方をとることが多い。そのような場合は当該直前に開催し大枠内容を承認した取締役会の日時を記載し、当該内容が決議されたという証明書を英文で作成すればよい。

　インド企業の場合、議決証明書にはカンパニー・セクレタリーがサインすることになるが、カンパニー・セクレタリーが存在しない日本企業の場合は、取締役のうち2名のサインが求められることになる。とはいえ、M&A取引における最終契約締結に関する議決証明は法的に必須というものではなく、誰かが勝手にサインをしたのではなく、適法に会社として決議しているという旨を証明することで相手方の安心感を醸成する目的のものであるので、相手方との交渉や日本法における代表取締役の執行権限について説明をすることで省略可能である。

　他方、省略できないのが銀行手続き関連である。前出のとおり、インドでは現在企業の株式は上場・非上場にかかわらずすべて電子化することとなっており、インド企業の株式の取得・保有には銀行または証券会社での株券保有口座（Demat口座）の開設が必要になる。銀行口座の開設は、インドでは一般的に取締役会の決議事項であるため、口座開設に際して、「議決証明」の提出が求められる。日本の大企業で、銀行口座の開設に際してわざわざ取締役会決議を取ることはまずないと思われるが、この実務的要請のギャップがクロージング間近に出てくるとバタバタすることになるので、前広に準備しておくことが重要になる。

　また、インド企業の買収（株式の取得や当局宛の各種ファイリング）には署名権限者の署名と、署名者が適切に権限を有しているという証憑が必要となる。署名権限を現場に近い担当者に付与していない場合、すべてのファイリング書類に取締役のサインが必要とされるなど、かなり煩雑な事務が生じることになる。署

名権限を現場に近い担当者に付与しておくことで、事務上のストレスをかなり軽減することができる。

おわりに

　新型コロナウイルス感染拡大やロシアによるウクライナ侵攻など、かつて人類が制御しつつあると思われていた「疫病」や「戦争」に左右され、先行きの見えない時代にある。それ以前からもVUCA時代（Volatility・Uncertainty・Complexity・Ambiguityの頭文字を取った言葉で、社会やビジネスにとって、未来の予測が難しくなる状況のことを意味する）といわれてはいたものの、昨今の急激な円安や世界的な景気の不透明感など、世界情勢・経済の先行きが全く見えない時代が到来している。特に人口減少にともない、主戦場である日本市場が縮小の一途をたどるであろう日本企業にとって、今後の成長を維持・確保していくために、どのような手段をとるべきなのか。

　比較宗教学、比較文明論、インド思想の専門家である保坂俊司氏の著書『インド宗教興亡史』（ちくま新書）の序章で、保坂氏はこの先どのような世界が待ち受けるのかのヒントとして、「約300年前、つまり現在のように欧米諸国に富と政治的・軍事的な力が集中していなかった時代、中国とインドは超大国だった。産業革命による生産力が世界を席巻する以前、西洋からの使節団に対して、ムガルの皇帝が『世界には三つの中心がある、インドと中国とトルコである』と、言い放った世界である。」と述べている。

　いうまでもなく国際社会におけるインドのプレゼンスは非常に高くなっており、単なる人口大国という位置づけだけではなく急速に経済成長を遂げており、この観察の重みが増している現状にあるように思われる。加えてこのようなインドに対する日本の見方について、保坂氏は興味深い分析をしている。「近代以降の日本は、西洋文明への同一化によって恩恵を享受してきた。そのため中国やインドがトップを走る世界像を構築できていない。欧米優位の近現代が揺らぐ未来の文明のビジョンが描けていないのである。」。

　筆者が述べたコミュニケーションの癖の違いに加えて、戦後から奇跡的な経済成長を遂げ、「ジャパン・アズ・ナンバーワン」と世界を恐れおののかせた経済大国日本は、欧米諸国の背中を追い続けていた。その後経済成長が成熟という名のもとに鈍化し、何となく「がむしゃらに働かなくても良いのでは」という雰囲気が蔓延しつつある日本のビジネス界は、明日の自分が、そして次世代がよりよい生活をしたいという純粋な欲求を隠さないインドのビジネスパーソンを、若干「お上品でないなぁ」と下に見る傾向があるのではないか。少なくとも「先進国のわれわれが、発展途上国のインドを先導して差し上げよう」というマイクロア

グレッション的な言動は、誰しも身に覚えがあるのではないか（筆者も重々気を
つけるようにしているが、ふとそのような言動が出てしまうことがあり、大いに
反省する次第である）。

　しかし現実には、コロナ禍においてもインドは海外からの直接投資を集め続け、
インドの成長に相乗りしようというアメリカの企業などが積極的に投資している。
特にインドのスタートアップ界隈はアメリカ・中国のスタートアップに次いで巨
額の資金を集め続け、インドスタートアップは当該資本を燃料に、社会課題の解
決と富と雇用の創出に勤しんでいる（その規模は2021年で約300億ドルと日本
の５倍強の規模である）。しばしば停電が起き、きれいな水の確保が難しいイン
ドにおいて、「半導体を製造する」のは冗談だと思われていたが、実際に2022年
９月に台湾の大手半導体企業・フォックスコンがインドの現地財閥と合弁でイン
ドに半導体製造工場を作る、両社はインドに195億ドルもの資金を投下する、と
いうニュースが多くの日本企業関係者に衝撃を与えたことは記憶に新しい。

　ここで筆者が申し上げたいのは、このような現実をしっかりと捉え、委縮して
内向きの思考になるのではなく、むしろどのようにしたらインドの成長を自社グ
ループの成長に取り込めるかという観点で知恵を絞るべきだということである。
かつて日本企業と日本のビジネスパーソンは世界中を飛び回り、世界中を相手に
交渉し、各地に製造拠点を作り、日本製品を売り込んできた歴史と経験がある。
今こそ日本を飛び出して、インドの成長を取り込むために積極的にインド企業へ
の出資、インド企業の買収を検討するべきだと思う。そこに立ちはだかるいくつ
かの壁があることは事実であるが、乗り越えられない壁はない。本書の内容がそ
のようなビジネスパーソンにとって少しでも役立てば幸いである。

　本稿を執筆するにあたり、これまでの数多くのプロジェクトでの経験を参考に
した。

　クライアントの皆様、共にプロジェクトを進めた先輩や後輩の皆様、弁護士の
先生方、専門家の皆様、そして相手企業やそのアドバイザーの皆様に心から感謝
申し上げる。

　そして、貴重なインド駐在の機会を与えてくださった前職GCAの渡辺さんをは
じめ、皆様に感謝したい。

◇著者紹介◇

岡田 知也（おかだ ともや）

株式会社マナスコーポレートパートナーズ 代表取締役

1976年生まれ。1999年青山学院大学国際政治経済学部卒業、同年東京三菱銀行（現三菱UFJ銀行）入行、2003年三菱証券（現三菱UFJモルガン・スタンレー証券）に出向しM&Aアドバイザリー業務に従事。2006年M&Aアドバイザリー専業のGCA（現フーリハン・ローキー）に入社。2009年から2013年GCAのインド事業立ち上げで家族とともにムンバイに駐在。

2020年日本企業によるインド企業への出資、M&Aに特化したアドバイザリー会社マナスコーポレートパートナーズを設立、代表取締役に就任（現職）。

M&A Booklet

Cross Border　海外M&Aの実務—インド

2024年7月25日　第1版第1刷発行

著　者　岡　田　知　也
発行者　山　本　　　継
発行所　㈱中　央　経　済　社
発売元　㈱中央経済グループ
　　　　パ ブ リ ッ シ ン グ

〒101-0051　東京都千代田区神田神保町1-35
電話　03 (3293) 3371 (編集代表)
　　　03 (3293) 3381 (営業代表)
https://www.chuokeizai.co.jp
印刷・製本　文唱堂印刷㈱

ⓒ 2024
Printed in Japan

＊頁の「欠落」や「順序違い」などがありましたらお取り替えいたしますので発売元までご送付ください。（送料小社負担）

ISBN978-4-502-48381-3　C3334